O SOFRIMENTO DOCENTE

Apenas aqueles que agem podem também sofrer

Conselho Acadêmico
Ataliba Teixeira de Castilho
Carlos Eduardo Lins da Silva
Carlos Fico
Jaime Cordeiro
José Luiz Fiorin
Tania Regina de Luca

Proibida a reprodução total ou parcial em qualquer mídia
sem a autorização escrita da editora.
Os infratores estão sujeitos às penas da lei.

A Editora não é responsável pelo conteúdo deste livro.
A Autora conhece os fatos narrados, pelos quais é responsável,
assim como se responsabiliza pelos juízos emitidos.

A presente obra é resultado de uma pesquisa financiada pela
Fundação de Amparo à Pesquisa do Estado de São Paulo (Fapesp),
processos nº 2019/14645-0 e nº 2020/01667-2.

Consulte nosso catálogo completo e últimos lançamentos em **www.editoracontexto.com.br**.

O SOFRIMENTO DOCENTE

Apenas aqueles que agem podem também sofrer

Caroline Fanizzi

Copyright © 2023 da Autora

Todos os direitos desta edição reservados à
Editora Contexto (Editora Pinsky Ltda.)

Capa e diagramação
Gustavo S. Vilas Boas

Preparação de textos
Lilian Aquino

Revisão
Mariana Teixeira

Dados Internacionais de Catalogação na Publicação (CIP)

Fanizzi, Caroline
O sofrimento docente : apenas aqueles que agem podem
também sofrer / Caroline Fanizzi. –
São Paulo : Contexto, 2023.
224 p.

Bibliografia
ISBN 978-65-5541-281-9

1. Professores – Estresse ocupacional
2. Professores – Satisfação no trabalho
I. Título

23-4857   CDD 371.1

Angélica Ilacqua – Bibliotecária – CRB-8/7057

Índice para catálogo sistemático:
1. Professores – Satisfação no trabalho

2023

EDITORA CONTEXTO
Diretor editorial: *Jaime Pinsky*

Rua Dr. José Elias, 520 – Alto da Lapa
05083-030 – São Paulo – SP
PABX: (11) 3832 5838
contato@editoracontexto.com.br
www.editoracontexto.com.br

[...] precisamente porque sofremos nas condições do deserto é que ainda somos humanos e ainda estamos intactos; o perigo está em nos tornarmos verdadeiros habitantes do deserto e nele passarmos a nos sentir em casa.

Hannah Arendt

Sumário

PREFÁCIO 9
José Sérgio Fonseca de Carvalho

INTRODUÇÃO 13

OS CONTORNOS DO SOFRIMENTO DOCENTE 23

    O sofrimento docente nos discursos sociais e midiáticos 29

    Sentidos do sofrimento docente 35

O SOFRIMENTO DOCENTE
NO *VIVER JUNTO AOS OUTROS* 45

    A *condição docente* 47

    A tecnicização do ensino 68

O IMPOSSÍVEL SONHO DA FABRICAÇÃO:
A DOCÊNCIA AMEAÇADA PELO NINGUÉM 87

    Não é ninguém, é o professor! 88

    A lógica fabricadora como resposta à fragilidade educativa 96

    A ação docente ou a liberdade docente,
    pois ser livre e agir são uma mesma coisa 106

    Sobre o fardo da ação e da enunciação 113

UMA FENOMENOLOGIA
DO SOFRIMENTO DOCENTE....................121

O sofrimento como alteração da relação
consigo mesmo e com os outros....................125

Uma ruptura do fio narrativo....................140

PERANTE A NINGUÉM-DADE,
A PERSONALIDADE DE UMA PROFESSORA....................163

Uma empreitada do corpo à *alma* docente....................169

A personalidade da professora,
o mais importante elemento na educação....................180

Ensina-se por dever....................193

O QUE O SOFRIMENTO DOCENTE DÁ A PENSAR?......203

POSFÁCIO....................209
Leandro de Lajonquière

Notas....................213

Referências bibliográficas....................215

A autora....................223

Prefácio

O sofrimento docente dá a pensar. Mais do que abrir as conclusões a que chega este livro nas "Considerações finais", a frase de Ricœur, apropriada por Caroline Fanizzi, marca todo o percurso de sua obra. Que o exercício do ofício docente, além de eventuais alegrias e realização, traz também sofrimentos e angústia, sabemos. Esse sofrimento se expressa nas queixas cotidianas, nas doenças que acometem os professores, no afastamento do trabalho e, ao limite, no abandono da profissão. Mas há problemas cuja excessiva visibilidade parece, paradoxalmente, nos impedir de enxergá-los; cuja recorrente tematização nos afasta, ao invés de nos aproximar, de sua compreensão. Esse paradoxo parece descrever bem a trajetória desse campo de pesquisas que emerge ao longo do século XX e se solidifica a partir da década de 1980. A sensação que temos é de que quanto mais lemos ou ouvimos sobre o tema, mais reiteramos o que já sabíamos: os professores ganham pouco, têm péssimas condições de trabalho, padecem de um crescente desprestígio social e, por essas razões, sofrem. É no diálogo crítico com essa imagem, já cristalizada em nossas mentes, que a presente obra marca seu lugar inovador e sua potência elucidativa.

Não que esses fatores e condições – velhos conhecidos nossos – devam ser desprezados. Seu peso é devidamente reconhecido pela autora. Mas sua excessiva visibilidade parece encobrir um outro aspecto frequentemente negligenciado que sua obra traz à tona: a precariedade simbólica, e não apenas material, da imagem e do lugar social de professores e professoras. É sobre essa precariedade – como categoria simbólica e não apenas econômica – que o trabalho de Caroline se debruça ao analisar as figuras do sofrimento na relação que docentes estabelecem com o mundo, consigo e com os outros. Um sofrimento que decorre, dentre outros fatores, da crescente tentativa de decretar a superfluidade da figura docente, ou seja, sua descartabilidade como um alguém singular capaz de imprimir uma marca pessoal em suas escolhas, seus procedimentos, em suma, em seu modo próprio de exercer a função docente. Trata-se, pois, de um apagamento do lugar distintivo destinado ao professor no tecido simbólico social ou, para recorrer ao belo neologismo utilizado neste livro, da crescente ninguém-dade a que têm sido submetidos professores e professoras.

Não estamos em face de um fenômeno propriamente inaudito, como bem mostra a autora, ao comentar uma obra escrita em 1928: *O calvário de uma professora*. A escolha de Dora Lice por essa metáfora para figurar como título de sua narrativa é eloquente. Na cultura cristã, a palavra calvário evoca mais do que a montanha ao redor de Jerusalém na qual se crucificavam pessoas, dentre elas, Jesus de Nazaré. Ela encerra paradoxos e símbolos que nos dão a pensar. A crucificação era mais do que uma forma cruel de levar um condenado à morte. Os corpos crucificados ficavam expostos, sem sepultura e, portanto, destinados a serem devorados por animais e desaparecerem sem deixar vestígios de sua passagem pelo mundo. Decretava-se, assim, a superfluidade da morte e a insignificância de uma vida. Mas, não obstante ser essa a razão do ato, a crucificação permaneceu na cultura cristã como o símbolo de um padecimento que não pode ser explicado nem esquecido, emprestando ao sofrimento uma memória e uma dignidade que não podem ser apagadas. Sofrer é também resistir, nos lembra Caroline, uma vez mais evocando Ricœur. Dora Lice narra seu sofrimento como docente e, ao assim fazer, lhe empresta sentido. E é esse mesmo movimento que empreende Caroline Fanizzi em sua obra quando, por exemplo, destaca que o sofrimento é também signo de humanidade, testemunho daqueles que lutam para não se conformar a uma ordem submetida à razão instrumental que, a partir da retórica da eficácia dos meios técnicos, procura despojar os sujeitos de sua capacidade de reflexão ética e de ação política.

Não se trata, portanto, de oferecer rotas de fuga para o sofrimento, mas de compreendê-lo em sua gênese, suas manifestações e, sobretudo, em seus sentidos. Em uma bela passagem de sua *Genealogia da moral*, Nietzsche afirma que o homem, o mais bravo e mais habituado ao sofrimento dentre os animais, não nega em si o sofrer, ele o procura mesmo, pressuposto que lhe indiquem um sentido para isso, um para-quê do sofrimento. A ausência de sentido do sofrer, não o sofrer, é a maldição estendida sobre a humanidade. Como bem nos alerta Ricœur, em um texto longamente explorado nesta obra, não é o caso de cairmos na armadilha do moralismo e buscar um sentido edificante para o sofrer, transformando-o em sacrifício e martírio com ares meritórios. Trata-se, antes, de nele reconhecer uma experiência humana, um fruto inevitável das contingências a que estamos submetidos em função de nossa trágica condição humana.

Mas é preciso reconhecer também que o sofrimento tem a potencialidade de nos interpelar. Uma interpelação que busca menos a causa do que o sentido, tanto quando dele padecemos como quando a ele nos expomos por meio da escuta das queixas de quem sofre. A queixa de quem sofre toma, assim, a forma de um apelo. Um apelo ao outro por parte de quem clama por ser ouvido e compreendido.

E, para além de todos os méritos acadêmicos, essa é a característica mais marcante deste livro: sua capacidade de se abrir ao sofrimento docente, de escutá-lo não como quem quer classificá-lo em um catálogo nosológico, mas como alguém que reconhece um semelhante em sofrimento. Nesse sentido, a obra de Caroline Fanizzi representa a materialização da convicção do filósofo tcheco Jan Patočka, para quem somente a arriscada e mesmo insensata solidariedade dos enfraquecidos poderia diminuir o sofrimento do viver humano.

José Sérgio Fonseca de Carvalho
Universidade de São Paulo

Introdução

> *Se quer seguir-me, narro-lhe;*
> *não uma aventura, mas experiência, a que me induziram,*
> *alternadamente, séries de raciocínios e intuições.*
> *Tomou-me tempo, desânimos, esforços.*
> *Dela me prezo, sem vangloriar-me.*
> *[...]*
> *Não se esqueça, é de fenômenos sutis que estamos tratando.*
>
> Guimarães Rosa

A temática do sofrimento docente faz-se presente de forma recorrente em nossa sociedade. Dados e relatos sobre o quão adoecidos, sobrecarregados e desvalorizados estão os professores, e em especial aqueles da educação básica, ocupam as páginas de revistas e jornais de grande circulação, artigos acadêmicos, pesquisas nacionais e internacionais, e também os debates que se estendem das universidades às salas de professores nas escolas. Dada a precariedade material em meio à qual os professores devem, com frequência, exercer o seu ofício em nosso país, o seu sofrimento é com significativo consenso relacionado a condições como baixos salários, sobrecarga de trabalho, classes superlotadas, escassez ou ausência de recursos nas escolas. É certo que todos esses fatores participam daquilo que faz sofrer um professor. A questão, contudo, parece ser constituída por tramas um pouco mais complexas.

O sofrimento do professor não decorre de forma necessária e estrita dos fatores e condições que denunciam a precariedade material à qual ele deve cotidianamente fazer face em seu ofício. E essa afirmação em nada reduz a gravidade da situação observada em um grande número de escolas e a urgência da demanda por condições dignas de trabalho aos docentes. O sofrimento do professor enraíza-se de maneira profunda em uma forma de precariedade que, ainda que aparentemente constituída por contornos mais fugazes, opera de modo bastante imperioso junto aos sujeitos: *a precariedade simbólica*. Nomeamos como precariedade simbólica a condição constituída pela reiterada desautorização, desvalorização e deslegitimação da ação e da enunciação docente que deflagra o lugar precário hoje ocupado pelos professores e professoras em nosso imaginário social.

Impelido à contradição de habitar esse lugar simbólico de precariedade, e até mesmo *um não lugar*, na sociedade, nas escolas, junto aos alunos e às suas famílias, o professor vê reduzida a possibilidade de exercer as suas *capacidades enquanto um agente*; enquanto alguém capaz não apenas de agir, mas de dizer, de contar uma história sobre si e, ainda, enquanto alguém capaz de estimar a si mesmo como agente responsável por aquilo que faz emergir no mundo. A redução da potência das capacidades de um agente, propõe Paul Ricœur, está intimamente relacionada à experiência do sofrimento. É, portanto, por essa via, pela via da ação, que examinarei os distintos fenômenos relacionados ao sofrimento de um professor. Ao operar esse deslocamento no modo de interpretar o sofrimento do professor, busco romper parte das amarras que acorrentam esse fenômeno ao solo da doença, de modo a individualizá-lo e reduzi-lo aos limites do corpo orgânico daquele que sofre. E, mais do que isso, romper também aquelas que atribuem ao sofrimento feições de renúncia, de abandono do ofício docente. Partindo da premissa, inspirada por Ricœur (2021), de que *apenas aqueles que agem podem também sofrer*, proponho o exame dos fenômenos do sofrimento docente como um reclamo que diz do *sujeito que sofre*, mas sobretudo do *sujeito que resiste*.

Em outras palavras, a condição de desvalorização, desautorização e deslegitimação do professor no Brasil – que está vinculada, mas não se resume, às condições materiais precárias – esvazia o seu lugar de *agente* no tecido social, e é sob essa ótica que analisarei o sofrimento docente.

* * *

"Brasil é o último em ranking sobre prestígio do professor" (Palhares, 2018), "É possível ser feliz sendo professor?" (Martins, 2016), "A cada três horas, um professor da rede municipal pede licença por problemas psicológicos" (Capetti, 2019), "Por que nossos professores estão adoecendo?" (Giammei e Pollo, 2019). Títulos como esses, nos dias de hoje, parecem não mais causar espanto aos leitores, já habituados à cotidianidade com que tal sorte de afirmações se fazem presentes em reportagens televisivas, jornais, revistas e mesmo em pesquisas científicas e trabalhos acadêmicos. Haveria algo no ofício docente que nos colocaria em condição mais vulnerável e suscetível ao sofrimento? Ou ainda, por que nos parece natural justapor em um questionamento o ofício docente e condições como "prestígio" e "felicidade"? O que isso diz do lugar que a docência ocupa no tecido simbólico da nossa sociedade? Sofrem mais aqueles que ensinam?

A trivialidade com que lidamos com a ideia da existência de um desconforto ou mesmo um sofrimento que afeta um grande número de professores contrasta com o estranhamento que a transposição dessa condição a alguns outros ofícios poderia nos causar. Parece haver algo de evidente, de socialmente dado e compartilhado no fato de que professores experimentam algum grau de desconforto em seu ofício. Como exercício analítico, experimentemos substituir, nos títulos apresentados, a figura do professor pela de alguns outros profissionais. Se isso não produz no leitor um certo estranhamento, creio que, no mínimo, instigaria algumas dúvidas acerca dos elementos e relações envolvidas nas situações apresentadas. Contudo, isso não ocorre frequentemente no caso dos professores.

Durante os anos de realização da pesquisa que fundamentou a presente obra, ao compartilhar a temática à qual me dedicava – nos mais distintos ambientes e de modo mais ou menos casual –, deparei-me de forma reiterada com reações "concordantes". As pessoas, de modo geral, estão cientes e concordam com o fato de que os professores sofrem em seu ofício. A grande maioria delas, ainda, mostra-se disposta a discorrer sobre casos de conhecidos, experiências pessoais, reportagens ou notícias vistas na televisão que lhes servem de base à elaboração de diversas hipóteses acerca dos elementos envolvidos no sofrimento de um professor. Trata-se de um problema para o qual há, de modo largamente compartilhado, um conjunto de explicações já construídas.

Dada a situação em que se encontram muitas escolas – e poderíamos dizer, também, a educação em nosso país –, as respostas e explicações diante dos distintos fenômenos relacionados ao sofrimento de um professor seguem geralmente um sentido próximo: esses fenômenos decorrem, em alguma medida, da precariedade das condições oferecidas ao professor em seu ofício. Classes superlotadas, baixos salários que implicam o acúmulo de cargos e excesso de trabalho, recursos materiais degradados e insuficientes são aspectos frequentemente apontados como causas do sofrimento de um professor. Indisciplina discente, desrespeito por parte dos alunos e de suas famílias e desvalorização da profissão são também assinalados como elementos relacionados ao sofrimento docente.

Introdução

Observamos, ainda, outro aspecto relacionado à ideia do sofrimento docente que parece ter certa evidência em nossa sociedade. O sofrimento de um professor é um fenômeno frequentemente interpretado como uma forma de renúncia ao ofício, impotência ou queixume sistemático. É também, com semelhante recorrência, visto como uma doença – incluído na categoria de *transtornos mentais e do comportamento*[1] – que motiva e justifica um afastamento das funções docentes. Essa forma de interpretação é também, e sobretudo, compartilhada largamente pelos próprios professores.

Os contornos atuais do sofrimento docente, neste ponto ainda brevemente anunciados, parecem lançar o professor em um sistema fechado, em um solo estéril à possibilidade de deslocamento ou de *desidentificação* – de saída de uma certa *identidade*. São explicações que por sua legítima e manifesta gravidade reafirmam a suposta evidência daquilo que *causaria* o sofrimento docente, bem como de sua interpretação como doença. São explicações que encerram ou, no mínimo, reduzem o debate e o espaço de circulação da palavra, nos quais importantes questões acerca da experiência docente poderiam ser mobilizadas. Dificultam a escuta – e a escrita – de qualquer outra narrativa sobre os professores.

Minha inquietação a respeito do sofrimento que paira sobre a docência possui, dentre outras tantas, uma faceta particular, esculpida a partir de narrativas e experiências de professores e professoras com as quais pude ter contato durante os anos em que me dediquei à docência na rede privada de ensino na cidade de São Paulo. Adoecimentos, sentimentos de angústia, desconforto, impotência, esgotamento e tantos outros problemas associados à ideia corrente do sofrimento docente, embora careçam de visibilidade, fazem-se presentes também entre os professores que atuam em escolas nas quais estão garantidas todas as estruturas e recursos – necessários e até mesmo acessórios – ao ensino e ao professor. Nesses contextos, conceber o sofrimento docente como consequência da precariedade das condições materiais às quais o professor é diariamente exposto decididamente não se faz possível. O que poderíamos dizer, ainda, a respeito dos professores que, em meio à mais absoluta precariedade material, permanecem implicados no exercício de seu ofício sem que isso se converta em fonte de sofrimento? Como veremos, ainda que o solo evidente construído acerca do sofrimento docente se mostre íntegro e consistente, é possível – com a potência de reviramento da ação humana – nele abrir algumas brechas.

Com essas últimas observações, não pretendo propor uma reflexão sobre a especificidade do sofrimento vivenciado por esses grupos de professores, tampouco relativizar a importância de que o ensino disponha de recursos materiais dignos e necessários ao seu exercício. Essas brechas, esses sujeitos aparentemente não contados no cálculo da evidência, fazem, entretanto, emergir a dúvida acerca daquilo que – a despeito dos contornos sempre singulares de uma experiência – poderia ser compartilhado, e até mesmo constitutivo, nos distintos fenômenos do sofrimento docente. Esse questionamento inicial orientou-se pela hipótese de estarem os diferentes fenômenos do sofrimento docente enraizados em um território comum, compartilhado por todos aqueles que se lançam ao educar – enquanto sujeitos, enquanto agentes humanos. Tal território parece dispor de certa independência das condições materiais da docência, uma vez que se constitui a partir do processo que aqui nomeamos como uma *precarização simbólica do ofício docente*. Assim, com o intuito de liberar o sofrimento do professor desse lugar de acabamento, justificado por estes ou aqueles aspectos contingenciais do exercício de seu ofício, buscamos antes, com a pesquisa, mirar o que há nesse fenômeno da "mais comum e universal experiência humana do sofrer" (Ricœur, 2021: 13; tradução nossa).

Ainda sobre o que é da ordem do contingencial, lembramos que o acaso fez com que a pesquisa que originou a presente obra

Introdução

fosse acometida, logo em seus primeiros movimentos, pela pandemia do coronavírus. O que fazer diante do novo cenário que se desenhava e atingia de forma implacável o cotidiano das escolas e dos professores? De modo súbito, vimo-nos todos diante de uma situação que não nos permitiu ensaios. A *superfluidade da presença* que já há alguns anos flertava com a educação por meio de diversos mecanismos e discursos orientados pela lógica tecnocrática, bem como mediante propostas de EAD enunciadas ainda de forma fragmentada, sem grandes estruturas de viabilização – freadas mais pela precariedade dos recursos do sistema educacional do que efetivamente por debates orientados por princípios acerca da importância da experiência escolar –, deixava seu estatuto imaginário para tornar-se, subitamente, concreta e objetiva. Multiplicavam-se diariamente os relatos sobre o sofrimento de modo geral e, mais uma vez, figurava dentre os grupos mais afetados aquele dos professores. Decido, entretanto, não recortar os limites da pesquisa às especificidades das restrições impostas pela condição sanitária do mundo. É certo que elas impuseram grandes e novas dificuldades aos professores, contudo, em tempos bastante anteriores ao isolamento social, a *presença* – docente ou discente – no encontro educativo já se anunciava como algo secundário e, ao extremo, dispensável. Além disso, como dito, viso de modo essencial ao exame daquilo que poderia haver de universal, de compartilhado e compartilhável, na experiência humana do sofrimento – e também daquele docente. Como, contudo, apreender em alguma medida essa universalidade?

Essa obra manteve-se permeável à voz e à experiência que emerge do cotidiano dos professores. Permeável no sentido de mobilizar um discurso no qual houvesse furos para a metaforização e o deslizamento de sentidos. Furos preenchidos pela experiência. Muito se diz sobre os professores e sobre o seu sofrimento, mas o que a experiência docente deixa revelar? Ciente da dificuldade implicada nesse propósito, não pretendia criar uma narrativa única capaz de falar em nome de tantos outros sujeitos que se dedicam à docência, mas, antes, narrar sobre o sofrimento docente uma história na qual os professores e professoras fossem capazes de, em alguma medida, se *reconhecer*. E, mais ainda, que desse movimento de *reconhecimento* pudesse se desdobrar o benefício, assinalado por Ricœur, do *aprender a narrar-se*. Aprender a narrar-se "é também aprender a narrar a si mesmo de outro modo" (2017: 165; tradução nossa).

A dimensão da *experiência docente* foi, então, incorporada às discussões mobilizadas neste livro sob a forma de narrativas, depoimentos e reflexões inspiradas em situações vivenciadas por professores e professoras distantes – no tempo e no espaço –, por colegas de trabalho, por amigas e amigos professoras(es) e também por mim.

Dentre as vozes que compõem a trama deste livro há uma para a qual foi reservado um lugar de certo destaque. A experiência de Violeta Leme como professora, rica e detidamente narrada em seu livro *O calvário de uma professora* (Lice, 1928), serviu-me de base para uma série de reflexões acerca da condição docente e inspirou-me a propor uma subversão no modo como interpretamos o sofrimento e os reclamos de um professor. Ao denunciar ao Secretário do Interior do Estado de São Paulo, na carta que prefacia a sua obra, as condições que enfrentava no exercício do seu ofício, Violeta, como veremos, atestava que seu sofrimento não era uma forma de doença ou renúncia ao educar. Era justamente o seu oposto. Seu sofrimento era indicativo de *potência* e dizia, essencialmente, sobre um *alguém* que ali *resistia* e *suportava*. É o suportar, assinala Ricœur (2021), justamente o sentido primeiro do sofrer. É a capacidade de "perseverar no desejo de ser e no esforço por existir apesar de..." (2021: 33; tradução nossa).

Esses aspectos aqui brevemente apresentados acrescentaram contornos e solidez à inquietação que me afeta e me faz pôr em questionamento a existência de elementos capazes de definir ou determinar a forma como um professor *age*. É sempre possível ao professor, mesmo diante da mais precária condição que o acometa, ou de discursos que visam esvaziar o seu lugar em seu ofício, fazer emergir o absolutamente inesperado. Não há discurso, estatística ou evidência capaz de acorrentá-lo a um destino.

Assim, buscando tornar manifesta a pluralidade de sentidos que o sofrimento de um professor comporta, acrescento ao debate algumas reflexões sobre a condição de *precariedade simbólica* à qual o *ofício docente* está submetido em nossa sociedade e do modo como ela afeta a experiência de ser professor. Caminhando em sentido contrário aos enunciados que concebem o sofrimento docente como uma forma de doença, impotência ou renúncia ao ofício, apresento esta obra como um lembrete, inspirado por Paul Ricœur (2021), de que apenas aqueles que agem podem também sofrer.

Os contornos
do sofrimento docente

É bastante recorrente, nos dias atuais, tomarmos contato com um vasto e diversificado conjunto de enunciados que tratam da precariedade e desvalimento do ofício docente. Reportagens televisivas, textos midiáticos, debates no espaço acadêmico ou na sala dos professores do ensino básico, com frequência, resgatam do cotidiano escolar dados e relatos sobre o quão adoecidos, desautorizados e desmoralizados estão os professores em nosso país. A que precisamente se referem tais enunciados? De que se trata isso que socialmente emerge e insiste como um *problema*?

O professor Marcelo Ricardo Pereira realizou nos últimos anos uma série de estudos e pesquisas de orientação psicanalítica acerca do fenômeno nomeado em diversos trabalhos como o *mal-estar docente*. A partir de uma vasta e cuidadosa revisão de estudos já publicados em diferentes países acerca dessa temática,[2] o autor afirma que, contrariamente ao que poderíamos pensar em virtude de sua acentuada visibilidade contemporânea, o tema não é prerrogativa dos tempos atuais. Pereira (2016) assinala a existência de registros datados do século XIX sobre o que seria uma *insatisfação* de professores com a profissão. Tais registros, ao longo do século XX viriam se tornar objeto de pesquisas sistemáticas, como o trabalho de Ida Berger (1957),[3] que introduz originalmente a expressão "mal-estar docente" em estudo sociológico realizado com 7.500 professores franceses. Berger à ocasião vale-se dessa expressão "para designar o 'descontentamento dos professores' que já se apresentava à época, sobretudo, como consequência dos baixos salários, precárias condições de trabalho, poucas oportunidades de promoção e queda do prestígio social da profissão" (Pereira, 2016: 40).

Apesar de seu aparecimento inicial no final dos anos 1950, Pereira (2016) observa que foi apenas na década de 1980 que a expressão se sedimentou. De acordo com o autor, em 1987 o professor espanhol José Manuel Esteve publicou o livro *El malestar docente*,[4] como resultado de sua extensa pesquisa quali-quantitativa desenvolvida na Espanha. Pereira (2016) afirma que a pesquisa de Esteve se tornou um dos trabalhos de maior referência no tema, sendo seu livro amplamente revisto em reedições até 1999.

Em sua obra, Esteve organiza o que seriam as fontes de esgotamento do trabalho dos professores em dois grandes núcleos e os classifica como fatores primários e fatores secundários. Os fatores primários, segundo autor, são aqueles que têm direta incidência sobre a ação do professor em sala de aula, gerando tensões associadas a sentimentos e emoções negativas. Já os secundários estão relacionados às condições ambientais, ao contexto no qual a docência é exercida. Apesar de os condicionantes secundários terem uma ação indireta sobre os educadores, eles também afetariam a "eficácia docente" uma vez que "promovem uma diminuição da motivação do professor no trabalho, de sua implicação e de seu esforço" (apud Pereira, 2016: 40). Ao se acumularem, tais fatores seriam capazes de influenciar profundamente a imagem que o professor tem de si mesmo e de seu ofício, podendo gerar o que Esteve percebe como uma *crise de identidade* e uma *depreciação do ego*:

> Os educadores correm o risco de esgotamento físico e mental sob o efeito de dificuldades materiais e psicológicas associadas a seu trabalho. Essas dificuldades, além de chegar a afetar a saúde pessoal, parecem constituir uma razão essencial para os abandonos observados nessa profissão. (Esteve, 1987, apud Pereira, 2016: 40)

Passadas algumas décadas da publicação de Esteve, Pereira (2016) aponta que há nos dias atuais, como também pude verificar na revisão da literatura acerca da temática, uma série de expressões frequentemente utilizadas por diversos autores para nomear os fenômenos e sentimentos que os professores vêm apresentando em suas narrativas. Além de *mal-estar docente*, são utilizadas expressões como: "'angústia laboral', 'estresse profissional', 'esgotamento emocional', 'depressão', 'frustração', 'despersonalização', 'sentimentos contraditórios', 'síndrome de burnout'" (Pereira, 2016: 38). Esse conjunto de expressões compõe uma ideia amplamente disseminada em nossa sociedade de que haveria um perfil específico de morbidades que acometem o professor (Pereira, 2016).

A despeito da variedade desses termos e expressões, verifica-se que eles são frequentemente utilizados de modo fluido e indistinto para designar diversas condições vivenciadas pelos professores. Buscarei aqui, contudo, discernir alguns deles e examiná-los em sua especificidade, visto que se referem a condições distintas, com afetos também distintos à experiência de um professor. Essencialmente, serão tratadas como condições singulares a *doença*, o *mal-estar* e o *sofrimento docente*. No decorrer deste livro, nuances e contornos mais nítidos serão adicionados a cada uma delas a partir do exame do modo pelo qual tais condições operam e constituem a experiência de um sujeito e, em especial, do professor.

O sofrimento docente

Distingamos, de início, aquilo que nos parece de mais fácil identificação: a interpretação e a categorização dos fenômenos da experiência docente a partir de uma lógica nosográfica e medicalizante. Como será apresentado nas seções seguintes, parte significativa dos discursos e enunciados produzidos sobre as queixas e as dificuldades relatadas pelos professores articula-se em torno do registro da *doença*. Vemos, assim, como consequência dessa forma de interpretação, multiplicarem-se os "transtornos" e "distúrbios" que estariam de algum modo relacionados ao exercício da docência. Multiplicam-se, igualmente, as pesquisas que buscam aferir a grande quantidade de professores acometidos por condições como ansiedade, burnout, estresse, depressão etc.

Diversos e importantes trabalhos dedicam-se à análise de um fenômeno nomeado como *processo de medicalização da vida*, que se espraia hoje pelos mais distintos assuntos humanos: observa-se uma sobremedicalização da existência que *"fait de la vie une maladie"* [faz da vida uma doença] (Gori e Del Volgo, 2005: 264). A despeito de não visar com essa pesquisa a uma discussão específica e aprofundada acerca das implicações e contornos do discurso medicalizante aos sujeitos e às suas relações, há algumas nuances bastante interessantes que são acrescidas às proposições aqui desenvolvidas ao considerarmos a sua participação no modo pelo qual o sofrimento docente aparece hoje entre nós. Tais nuances dizem respeito, sobretudo, às limitações – próprias a todo discurso – que esse modo de tradução do sofrimento impõe aos sujeitos e aos fenômenos situados sob o seu domínio.

Isso porque, ao transformarmos certos fenômenos e condições de distintas ordens em questões essencialmente médicas, passamos a buscar exclusivamente nesse campo suas causas e soluções. Os elementos próprios ao discurso médico – seu campo semântico e lógica interpretativa – tornam-se o parâmetro principal pelo qual devem se guiar os sujeitos. O discurso médico, assinala Clavreul (1983), articula os fenômenos e enunciados a partir de uma lógica que lhe é própria e constitutiva, "o que o médico observa é o que pode se inscrever num certo campo de saber" (Clavreul, 1983: 82). Convém então, continua o autor, que a observação do médico "recolha tudo o que é enunciável nos termos do discurso médico e também, bem entendido, que ele afaste tudo que não é enunciável nesse discurso" (1983: 82).

Assim, lido dessa perspectiva, torna-se restrita a possibilidade de que o sofrimento de um professor seja interpretado como indício de outra relação ou condição que naquele momento afeta o sujeito. A doença torna-se a explicação unívoca daquilo que o sujeito diz sobre si e sobre o seu ofício. A despeito da predominância desse modo de interpretar o que um professor vivencia em sua experiência, não é ele objeto central das análises aqui desenvolvidas. De fato, é justamente essa interpretação que busco pôr em suspensão para o exame do fenômeno do sofrimento docente.

A suspensão da lógica interpretativa medicalizante possibilita que ao menos dois importantes movimentos sejam operados: incluir no exame do sofrimento docente a sua dimensão social e deslocar os fenômenos e sentimentos vivenciados pelos professores em seu ofício para o campo da palavra e da linguagem. Com isso, pretendo neles resgatar a sua dimensão enunciativa, isto é, evidenciar o que o sofrimento é capaz de dizer sobre o sujeito e a sua experiência junto aos outros. A partir desses movimentos, faz-se possível, por sua vez, operar uma segunda distinção, essencial à reflexão aqui proposta: aquela entre o *sofrimento* e o *mal-estar docente*.

Nas discussões propostas, mobilizarei o conceito de *sofrimento* à luz de Paul Ricœur, para designar os "afetos abertos à reflexividade, à linguagem, à relação consigo mesmo, à relação com o outro, à relação com o sentido e com o questionamento" (2021: 14; tradução nossa) que mitigam – de distintos modos e intensidades – a potência das capacidades de um agente humano, quais sejam, as capacidades de dizer, agir, de (se) contar e de estimar a si-mesmo (Ricœur, 2005, 2014). Em seu texto "La souffrance n'est pas la douleur" (2021), Ricœur examina os fenômenos do sofrer a partir de dois eixos – o da relação *si-outros* e do *agir-padecer*. A partir da proposição do autor, o sofrimento aparece como uma alteração operada nesses eixos, isto é, como uma alteração que afeta a relação de um sujeito consigo mesmo e com os outros, bem como a potência dos registros da fala, da ação, da narrativa e da estima de si. Nos capítulos que se seguem, examinarei de forma detida cada uma dessas categorias, bem como o modo pelo qual a redução da potência das capacidades humanas parece operar na experiência de um professor.

Assinalo, por fim, a forma como aqui me valho da ideia de *mal-estar*. Antes de restringir-se a uma condição que acomete os professores – o chamado *mal-estar docente* –, o *mal-estar* à luz dos escritos de Freud (2010) consiste naquele experimentado por todos os seres que vivem juntos em condição humana, isto é, por todos aqueles que vivem em uma cultura qualquer. O mal-estar é, desse modo, algo próprio à condição humana, uma vez que não há sujeito sem o social, tampouco o seu inverso. A partir de uma perspectiva distinta, mas mirando semelhante questão, Arendt (2015) afirma haver um "preço a ser pago" pela alegria de coabitarmos com outros, em condição de pluralidade, um mundo cuja realidade é assegurada a cada um pela presença de todos. Esse preço, segundo a autora, consiste na impossibilidade de os seres humanos "permanecerem como senhores únicos do que fazem, de conhecerem as consequências de seus atos e de confiarem no futuro" (2015: 302). O preço a ser pago, o mal-estar a ser gerido por todos aqueles que agem e falam junto a outros não implica, contudo, necessariamente uma condição de sofrimento. São elas, como veremos, condições distintas. Ainda que o mal-estar seja invariável em sua ocorrência, a forma que ele assume na experiência de um sujeito é sempre variável e indeterminada.

O SOFRIMENTO DOCENTE NOS DISCURSOS SOCIAIS E MIDIÁTICOS

A pesquisa nos meios digitais por palavras-chave como *adoecimento do professor, sofrimento, desvalorização e mal-estar docente* apresenta-nos uma quantidade expressiva de textos e reportagens, veiculadas por revistas on-line de grande circulação entre o público geral, bem como por aquelas voltadas especificamente para escolas e professores. Com o intuito de examinarmos os contornos correntemente atribuídos à condição de sofrimento relatada por um grande número de professores em nossa sociedade, apresento parte do material encontrado nesse levantamento inicial realizado nos meios digitais.

A reportagem "Educação tem 62 afastamentos por transtorno mental ao dia" (Cardoso, 2019) alerta-nos sobre a quantidade expressiva de afastamentos por transtornos mentais entre professores e demais servidores da Secretaria Municipal da Educação na cidade de São Paulo: somavam-se mais de 22 mil licenças em 2018. Estresse, depressão, ansiedade e síndrome do pânico estão entre os problemas psiquiátricos que levaram à concessão de, em média, 62 licenças por dia para educadores. Como aponta o título da reportagem, verifica-se que as distintas manifestações de sofrimento docente, quando justificam uma licença de suas atividades, enquadram-se na classificação "transtornos mentais". Essa classificação pode ser encontrada no capítulo destinado aos "Transtornos Mentais e do Comportamento", da *Classificação Estatística Internacional de Doenças e Problemas Relacionados com a Saúde* (CID). Tal documento, publicado pela Organização Mundial de Saúde (OMS) e periodicamente atualizado, é um registro estatístico que reúne e organiza em categorias as mais diversas doenças e sintomas conhecidos pela humanidade. Ele tem por objetivo padronizar a nomenclatura e criar códigos para cada uma das enfermidades, com o intuito de melhorar a comunicação e o entendimento entre os diferentes profissionais da saúde.

O texto "Burnout entre professores: precisamos falar mais sobre isso" (D'Agostini, 2019), divulgado por uma revista destinada aos educadores, trata da síndrome de burnout e afirma ser ela muito comum entre professores. A reportagem define o termo *burnout* como "aquilo que deixou de funcionar por completa falta de energia". Trata-se de uma síndrome do esgotamento físico e mental. O texto, então, dirige-se diretamente à sua pretendida leitora: "Essa definição parece ter sido feita para você, professora? Então fique conosco para entender mais".

A reportagem apresenta um estudo acerca da saúde mental dos docentes, realizado em 1.440 escolas brasileiras, segundo o qual 26% dos professores dessas instituições apresentavam a síndrome. O texto vale-se da definição da Organização Mundial de Saúde e assinala que a síndrome de burnout refere-se especificamente a fenômenos relativos ao contexto profissional e abrange "sentimentos de desesperança, solidão, depressão, raiva, impaciência, irritabilidade, tensão, diminuição da empatia, baixa energia, fraqueza, preocupação, cefaleias, tensão muscular e distúrbios de sono". Sintomas, de acordo com a reportagem, bastante comuns entre os professores.

A reportagem "Professores lutam contra salários baixos, doenças e até agressões para continuar na profissão" (2019) assinala as dificuldades enfrentadas pelos professores, dentro e fora da sala de aula, e afirma serem problemas recorrentes entre os professores os salários baixos, as agressões de alunos, além de doenças como ansiedade e depressão. De acordo com a reportagem, em São Paulo, mais de 27 mil professores foram afastados das salas de aula entre janeiro e setembro de 2019 por problemas de saúde.

Segundo consta na reportagem, a maior parte das queixas apresentadas pelos professores relaciona-se ao estresse, à ansiedade e à forte pressão que dizem sentir por lecionarem no ensino público. As narrativas docentes apresentadas no texto foram recolhidas no momento em que os professores saíam do Departamento de Perícias Médicas do Estado de São Paulo, local onde deveriam passar por uma perícia que atestaria ou não a necessidade de uma licença de suas funções.

A leitura das diversas reportagens encontradas em meu levantamento[5] permitiu-me identificar, inicialmente, um aspecto que nos parece fundamental ao exame do objeto central desta pesquisa. Os títulos, as análises e as falas recolhidas de professores nesses textos indicam, com significativa semelhança – e muitas vezes fundamentadas em estatísticas –, quais seriam os contornos gerais da condição docente em nosso país: *os professores se sentem mal em seu ofício*. Diante das circunstâncias precárias em meio às quais o ofício é frequentemente exercido, o sofrimento seria uma condição comum e mesmo esperada entre aqueles que se dedicam à docência.

É certo que os números expressivos apresentados pelas reportagens nos dizem algo sobre a condição docente que se desenha em nosso país, bem como sobre a própria educação de maneira mais ampla. E tais números dizem tanto dos sujeitos contados em suas estatísticas como daqueles que as elaboram. De forma inevitável, a busca por agrupar um vasto conjunto de experiências docentes, ou quaisquer outras, sob a categoria "transtornos mentais" – como o fazem no caso dessas licenças concedidas – encobre aquilo que as experiências nela contadas poderiam revelar de singular. Ainda que isso mobilize uma série de implicações, não nos parece ser exatamente nesse ponto em que o maior problema se instala – sobretudo se nos valermos dos números desde os limites que a sua objetividade impõe aos sujeitos e aos fenômenos por eles representados. A armadilha é acionada quando nos apropriamos desses dados como sendo um retrato unívoco de uma situação supostamente homogênea da qual se desdobram, de modo necessário e imediato, um conjunto de respostas ou conclusões sobre o fenômeno em questão. Essas respostas e conclusões comportam causas, consequências, remédios e, inclusive, formas de prevenção ao problema aferido. A relevância e a expressividade dos números acerca da quantidade de professores adoecidos no Brasil atestam o problema e seus contornos de forma tão contundente que com frequência somos impelidos a neles – nos números – encerrar, ou ao menos centralizar, o debate sobre o sofrimento docente. E é, sobretudo, em articulação com esse aspecto que proponho situar a presente pesquisa. No caso dos assuntos humanos são as nuances e a multivocidade de sentidos que compreendem o que há de mais importante em um fenômeno. É preciso reabrir o debate.

Identificamos, nesse sentido, que grande parte das reportagens examinadas apontam com significativa precisão e objetividade – seja com base nas falas dos especialistas ouvidos, dos gestores ou dos próprios professores – quais seriam as causas das diferentes formas de sofrimento docente. Essa convicção, contrariamente ao que se poderia inicialmente pensar, não parece trazer grande contribuição à situação vivenciada pelos professores, visto que com frequência situam o problema em um lugar com limites bem definidos e, por vezes, inalteráveis. Se a falta de recursos de uma escola é atribuída como causa do sofrimento de um professor, a ele restaria apenas padecê-lo, conformar-se com o sofrimento. Interrogamonos, assim, sobre aquilo que a evidência e a convicção a respeito das causas do sofrimento docente deixariam às sombras ao mirarmos esse fenômeno. Quais nuances da experiência de um professor são encobertas ao elencarmos de modo objetivo os elementos que *causariam* o seu sofrimento? Vejamos como as articulações entre determinados fatores do cotidiano docente e o seu sofrimento são tecidas no material inicialmente examinado.

A reportagem "Professores sofrem com transtornos mentais e de comportamento na baixada santista" (2019) apresenta algumas falas de especialistas das áreas da Psicologia e da Educação a respeito do grande número de licenças concedidas aos professores. Elas apontam, de maneira geral, a necessidade de a escola ter um olhar mais atento às condições que oferece ao professor. Citam os baixos salários, a alta carga horária, a escassez de políticas públicas e a precariedade das formações inicial e continuada do professor. Adriana Fóz, neuropsicóloga e psicopedagoga, assinala a necessidade de que sejam ensinadas ao professor as habilidades socioemocionais, para que ele possa exercitá-las e trabalhá-las também com seus alunos. Trata-se, segundo ela, de "dar a ele ferramentas que possam ajudá-lo em sala de aula" (Calixto, 2019).

Já a reportagem "A saúde mental dos professores da rede pública paulista" (2019) traz, além de dados sobre a quantidade de afastamentos de professores motivados por adoecimentos psíquicos, a fala do então deputado estadual Carlos Giannazi acerca da condição dos docentes em São Paulo. O deputado afirma observar o crescimento das doenças psíquicas e emocionais entre professores em suas idas a hospitais do servidor público. Apontando o que seriam possíveis causas desse problema, Giannazi afirma:

> A estrutura da educação hoje está adoecendo os professores, não há dúvida. A superlotação de salas, a violência e a falta de estrutura das escolas têm agravado bastante a tensão, sobretudo na rede estadual de ensino, onde a situação é ainda mais grave. O governo estadual reduziu drasticamente programas importantes que lidavam com a violência, como o Programa Escola da Família, que sofreu cortes grandes, houve a retirada, de muitas escolas, [da figura] do professor mediador e há falta de funcionários do quadro de apoio escolar – dificilmente se encontra no estado de São Paulo uma escola com o módulo completo de servidores. (Lima, 2019)

Nesse esforço de identificação dos *elementos causadores* do sofrimento docente observa-se que as distintas reportagens examinadas, de maneira geral, apresentam um consenso. Seriam as suas causas: a falta de infraestrutura, a superlotação de salas, os problemas com os colegas e gestores, a falta de apoio das famílias, a violência, a indisciplina e o desrespeito dos alunos, o excesso de trabalho, a alta carga horária, os baixos salários, a falta de autonomia, a precariedade e desatualização das formações inicial e continuada do professor, a escassez de políticas públicas e, ainda, a desvalorização, a precarização e difamação do trabalho docente.

É certo que esse conjunto de elementos e situações parecem de imediato suficientes para justificar o sofrimento de um sujeito, seja ele professor ou não. Eles mobilizam questões bastante críticas e prementes que podem afetar o professor nos mais distintos aspectos da sua vida pessoal e profissional. Haveria um solo comum ou um aspecto compartilhado no modo como esses elementos afetam o professor? O que neles, em conjunto ou individualmente, inflige sofrimento àquele que ensina? Seria o sofrimento uma consequência direta e necessária da existência desses elementos no cotidiano de um professor? Ou, ainda, como compreender o sofrimento relatado pelos professores e professoras que dispõem das estruturas e dos recursos necessários ao exercício de seu ofício?

Esses questionamentos visam, de algum modo, lançar uma pedra nesse lago então tornado plácido, abrir uma brecha no solo construído pelo atestado sofrimento docente e tornado íntegro pela gravidade e precariedade das condições do ensino em nosso país. Ser agredido por um aluno em sala de aula ou ter de trabalhar em diversas escolas para conseguir somar um salário capaz de garantir a sua subsistência são, de imediato, respostas absolutamente concretas e plausíveis para justificar o sofrimento de um professor. Buscamos, contudo, mirar aquilo que a evidência atribuída aos fatores apontados como causas do sofrimento de um professor parece ter deixado às sombras desse fenômeno no que tange àquilo que faz sofrer um sujeito. Ao dizer-se em sofrimento, o que naquele professor, enquanto sujeito, perdeu-se ou foi profundamente afetado no exercício de seu ofício?

SENTIDOS DO SOFRIMENTO DOCENTE

Os elementos apresentados nesta primeira seção compõem o tecido inicial no qual buscarei alinhavar algumas proposições. Cientes da não exaustividade dessa operação, busco delimitar, com a seleção de reportagens, falas e trabalhos acadêmicos aqui brevemente mencionados, uma parte específica do debate hoje mobilizado em torno do sofrimento docente com o qual pretendo dialogar.

Como pudemos verificar, o sofrimento docente encontra-se em um lugar de considerável consenso. Grande parte dos materiais com os quais tive contato propõe, de modo geral, ideias semelhantes acerca do tema. Como afirmado, estes assinalam dentre elementos bastante comuns do cotidiano docente – no sentido de serem recorrentes e conhecidos – aqueles pretendidos como capazes de causar sofrimento a um professor. Ainda, como se pôde verificar no levantamento bibliográfico, não apenas os elementos envolvidos no aparecimento do sofrimento docente são hoje objeto de relativo consenso, mas também a forma de interpretar essa condição vivenciada por muitos professores.

Foram identificados trabalhos que examinam o sofrimento docente como uma forma de paralisia, impotência e renúncia ao educar. Certamente há casos que correspondem, em maior ou menor medida, a essas condições, como afirmam importantes estudos desenvolvidos sobre essa temática. Há, ainda, uma série de trabalhos e enunciados que se estruturam a partir de uma lógica nosográfica e examinam o sofrimento de um professor como uma forma de doença, distúrbio ou transtorno. Essa lógica parece ser, também, aquela predominante dentro das escolas e nas falas dos docentes, uma vez que para justificar o afastamento de suas funções um professor em sofrimento precisa ser atestado como adoecido. É por essa ótica que muitos professores interpretam hoje aquilo que sentem e vivenciam em seu ofício.

O sofrimento docente

Parece-me, portanto, ser essa – a doença, a paralisia – a face do sofrimento docente situada sob as luzes do nosso tempo. Esse modo de apreender os fenômenos do sofrimento docente não apenas deixa às sombras uma grande superfície, mas também, como será desenvolvido mais adiante, recobre-o com diversas camadas ao mesmo tempo sutis e imperiosas, com importantes efeitos aos sujeitos e às relações que participam do seu aparecimento.

Assim, a partir da identificação de alguns dos principais contornos do sofrimento docente nos discursos sociais e midiáticos, bem como em parte dos trabalhos acadêmicos desenvolvidos acerca da temática, busco despir o sofrimento docente de sua condição de acabamento e evidência e liberar, como o propõe Foucault (2015), os problemas que coloca, reconhecendo que ele talvez não seja um lugar tranquilo a partir do qual outras questões podem ser levantadas. Como em uma operação de *tradução*, buscaremos aproximar da ideia construída acerca do sofrimento docente outros termos, sentidos e configurações que nos permitam, sobretudo, a proposição de novos questionamentos.

Desejo, com isso, a acrescentar novas páginas à narrativa sobre o sofrimento de um professor, de modo que ela não se encerre com aquelas nas quais estão exaustivamente descritos os aspectos precários e penosos do cotidiano docente, tampouco com aquelas outras nas quais constam grandes listas de distúrbios e doenças que atestariam a incapacidade de um professor para a continuidade do exercício de seu ofício. É bastante provável que essas páginas continuem a compor – em maior ou menor medida – a narrativa sobre a docência. Elas não devem, contudo, ser o seu desfecho, a palavra última sobre o seu sofrimento ou o destino necessário de um professor.

Assim, mobilizada por essas ponderações, esta obra será tecida a partir de quatro fios ou operações principais que, a despeito do esforço metodológico de aqui distingui-los, atribuindo certos contornos a cada um deles, não correm em paralelo ou seguem o ordenamento dos capítulos, mas perfazem no decorrer das páginas pontos, laços – e até mesmo nós. São eles os seguintes:

1. *Com o intuito de dialogar com as análises que examinam o sofrimento de um professor como consequência da precariedade material em meio à qual um professor realiza o seu ofício, proponho estar o sofrimento de um professor também relacionado ao lugar que a docência e a educação ocupam no imaginário social.*

Ao suspender, como exercício analítico, as relações de causalidade supostas entre determinados fatores do cotidiano de um professor e o seu sofrimento, abre-se espaço ao exame de distintos aspectos que participam e constituem a experiência de um sujeito. A partir de Freud (1972) e dos escritos da psicanálise, não se faz possível pensar o sujeito de modo desvinculado do social, do tecido discursivo em que está inserido. De acordo com o autor, a oposição entre a psicologia individual e a psicologia social ou das massas, que à primeira vista pode parecer muito significativa, perde grande parte de sua nitidez quando a examinamos de forma mais detida. O psíquico e o social são, a partir de Freud, instâncias constitutivas do sujeito de modo que não é possível pensá-las isoladamente; a psicologia individual é, ao mesmo tempo, também psicologia social (Freud, 1972).

Ainda que o sofrimento de um professor diga sobre a forma singular encontrada por ele para se haver com a experiência docente que é sempre aberta, frágil e indeterminada, ele é sintomático dos discursos que à ocasião se fazem hegemônicos (Lajonquière, 1998a). No caso específico desta pesquisa, examino de que modo o sofrimento de um professor está relacionado com a *precariedade simbólica do ofício docente*, condição que se manifesta em reiterados episódios de desvalorização, desautorização e deslegitimação dos professores em nossa sociedade. Essa condição, por sua vez, está intimamente ligada ao *discurso de tecnicização do ensino* – discurso de grande abrangência e dominância no campo educativo brasileiro –, que impõe uma série de constrangimentos e limitações à ação e à enunciação docente.

Nessa operação, a questão do sofrimento docente desloca-se da dimensão estritamente individual, de algo que de modo infortunado acomete certos indivíduos, e é recolocada em uma articulação com o *mundo*, com o *espaço-entre-sujeitos* no qual passa a se revestir de um caráter público e político. No mundo, não há um sujeito, e depois outro, e depois outro; há algo *entre eles* (Arendt, 2015). Há um *espaço-entre, uma teia de coisas ditas e feitas pelos homens,* que ao mesmo tempo em que participa da constituição de cada um dos sujeitos em sua singularidade e irrepetibilidade é o que torna possível a eles se relacionarem e *viverem juntos* (Arendt, 2015). Como seres marcados pela mundanidade, constituídos e condicionados pelo viver juntos, não há sujeito pensado *fora do mundo*; "nenhuma vida humana, nem mesmo a vida do eremita em meio à natureza selvagem, é possível sem um mundo que, direta ou indiretamente, testemunhe a presença de outros seres humanos" (Arendt, 2015: 27). Não há sujeito fora desse espaço de ação, de aparição, de discurso e de contato, que regula e permite a nossa existência humana.

2. *O lugar de precariedade simbólica que o ofício docente ocupa em nosso imaginário social impõe uma série de ameaças e constrangimentos às capacidades do professor enquanto agente humano, quais sejam, as capacidades de dizer, agir, (se) contar e de estimar a si-mesmo (Ricœur, 2005, 2014). Ou ainda, por uma perspectiva arendtiana, ameaças e constrangimentos à possibilidade de o professor fazer-se presente em seu ofício como um alguém (Arendt, 2015). O sofrimento, por sua vez, estaria profundamente relacionado à redução da possibilidade de os professores exercerem as suas capacidades enquanto agentes.*

O exame das relações existentes entre o sofrimento docente e o modo como a docência e a própria educação se fazem presentes em nosso imaginário social, bem como nos discursos educativos, possibilita a abertura de novas perspectivas para a análise daquilo que faz sofrer um professor. A investigação sobre a forma como a *precariedade simbólica do ofício docente* afeta os professores permite-me sustentar uma proposição acerca daquilo que parece se perder ou ser profundamente afetado no sofrimento de um professor: suas capacidades enquanto agente humano.

O sofrimento de um professor, proponho, diz do sofrimento de um *alguém* que se vê com frequência enclausurado nos mecanismos de um ofício hoje submetido a uma precariedade material e simbólica, bem como à lógica tecnicista e fabricadora que visa suprimir qualquer traço de singularidade que possa emergir dos sujeitos no educar. Sujeitos esses submetidos à lógica do "mundo contemporâneo que nos ameaça não apenas com o nada, mas também com o *ninguém*" (Arendt, 2016: 269; grifos nossos). Examinarei, assim, o sofrimento docente como o reclamo de um alguém que vê dia após dia os seus contornos serem apagados por discursos que esvaziam e desautorizam a docência.

Como veremos, essa condição vivenciada pelos professores é ainda agravada pelo fato, apontado por Arendt (2014), de a educação ver-se hoje obrigada a "caminhar em um mundo que não é estruturado nem pela autoridade nem tampouco mantido coeso pela tradição" (2014: 245-246). A moderna instabilidade desses dois elementos estruturais ao educar, a autoridade e a tradição, acabam por deixar à deriva a identidade docente. É ela hoje "particularmente aberta, capaz de tanto de renovação como de perda de referência" (Pechberty, 2003: 272; tradução nossa).

3. *A terceira operação consiste na subversão do modo como o sofrimento docente é hoje predominantemente interpretado. Antes de* *concebê-lo estrita e necessariamente como uma doença, paralisia ou renúncia docente que deve ser remediada, proponho a possibilidade de ser o sofrimento enunciado por um professor um indicativo de potência. Potência de um agente que resiste à total conformação, isto é, resiste a assumir a forma do entorno, a integrar um mecanismo. E isso afirmo no sentido que apenas aqueles que agem podem também sofrer* ["seuls des agissants peuvent être aussi des souffrants" (Ricœur, 2021: 15)]. *A partir dessa afirmação, busco resgatar a* dimensão enunciativa *do sofrimento, resgatar da queixa aquilo que ela é capaz de dizer do sujeito que sofre, mas sobretudo do sujeito que resiste. O que os reclamos de um professor dizem sobre ele e sobre a possibilidade de exercício de suas capacidades enquanto agente humano? O sofrimento dá a pensar, propõe Ricœur (2021), ele* questiona e convoca [la souffrance interroge et appelle].

O caráter sempre singular e indeterminado de uma experiência inspira-me a pôr em questionamento a apreensão unívoca do sofrimento docente como uma forma de doença, renúncia, paralisia, abandono ou quaisquer outras condições que denotam que *há algo errado com o professor.* Busco, então, acrescentar ao debate acadêmico a interpretação do sofrimento docente como um indicativo de *potência* e não apenas de *paralisia,* como indício de que ali um sujeito ainda resiste, suporta e avança. No avesso das análises que concebem o sofrimento docente – e as demais situações que dele decorrem – como uma forma de o professor, em última instância, *renunciar* à ação, à enunciação e à responsabilidade implicadas em seu ofício, proponho examinar o sofrimento como uma forma de *enunciar* a existência de um *alguém.*

A proposição de subversão dessa lógica interpretativa do sofrimento docente tem parte de suas raízes em minha experiência como professora – a partir da qual esse fenômeno adquire feições distintas dessa comumente veiculada – e reifica-se com especial força e explicitação na narrativa de uma professora primária que no início do século XX toma a palavra e decide escrever um livro sobre o seu ofício. O livro é endereçado ao Secretário do Interior do Estado de São Paulo e tem por título: *O calvário de uma professora* (1928). Violeta Leme, sob o pseudônimo de Dora Lice, busca em sua obra dar publicidade às condições precárias em meio às quais a docência se exerce em sua época, bem como às privações que o maquinário educacional lhe impunha. A despeito do caráter romanceado que imprime à narrativa, a professora traz relatos de duras experiências vivenciadas por ela e outras normalistas com quem convivia nos âmbitos profissional e pessoal. Violeta denuncia, além da falta de aparato das escolas, as condições de uma *modesta educadora paulista, duramente tratada, sem autonomia em sua classe ou escola, sobrecarregada de deveres, angustiada ao se ver transformada em máquina* e *presa a normas rígidas de programas forçados e extensos* (Lice, 1928).

Apesar das condições bastante precárias que vivenciava em seu ofício, Violeta não as tomava como algo capaz de justificar uma renúncia ao educar. Guardadas as diferenças entre as ideias que se faziam hegemônicas à ocasião e estas que povoam o imaginário pedagógico atual, Violeta parecia reconhecer que o elemento mais importante de sua práxis era sua possibilidade de agir, de falar, de fazer escolhas, em suma, de fazer face à liberdade no exercício de um ofício que exige a presença de um *alguém* (Arendt, 2015). Desse modo, seu *calvário* não decorria precisamente da precariedade que vivenciava diariamente, mas da condição de ver-se alienada a enunciados, programas e metodologias que de alguma forma impunham constrangimentos ao exercício de suas capacidades enquanto agente. Violeta sentia-se mal, mas o seu sofrimento não era renúncia ou paralisia, tampouco doença. O seu sofrimento era potência, era o desconforto de um *alguém* que resistia a se *conformar* –

a assumir a forma de outrem –, que resistia a ver-se espoliada de sua liberdade e dos contornos singulares que faziam dela um *alguém absolutamente único e singular* (Arendt, 2015). Será dessa professora, portanto, uma das principais vozes que me permitirá atribuir contornos mais nítidos e concretos à interpretação do sofrimento docente como indicativo de *potência*, como forma de *enunciar a liberdade e a existência de um sujeito*.

4. *As três operações apresentadas nos permitem elucidar e desenvolver, de modo transversal, uma quarta, a partir da qual afirmo ser o sofrimento docente sintomático da forma como em nossa sociedade fazemos face à fragilidade de toda ação e enunciação e, por conseguinte, da educação. Forma essa que rechaça a falta de proporção implicada nas relações humanas e visa suprimir o mal-estar experimentado por todos os seres que vivem juntos na cultura (Freud, 2010). Essa tentativa de supressão do mal-estar – e também daquele experimentado pelos professores em seu ofício –, proponho, está intimamente relacionada aos fenômenos do sofrimento docente.*

A interpretação unívoca das diversas situações que afligem os docentes como sendo uma forma de doença, como indicativo de algo que *vai mal* com o professor, transforma o mal-estar em uma condição a ser rapidamente eliminada, silenciada, remediada – sobretudo para que a relação educativa seja *recolocada nos eixos*. Essa interpretação, por sua vez, revela a crença na possibilidade de que, no educar, tudo pode acontecer de forma absolutamente *ajustada* e rechaça um aspecto constitutivo da ação humana: a sua fragilidade.

A partir de Freud (1996), o educar, como laço entre sujeitos, como ação e fala endereçadas de um sujeito a outro, trata-se de um *ofício impossível*. E com tal afirmação o autor não pretendia dizê-lo como ofício irrealizável; Freud referia-se antes ao fato de que no educar aquilo que se atinge ao final do processo jamais reitera ou coincide com o ponto de partida, isto é, com aquilo que era planejado no início. Há no educar, de forma irreconciliável, *falta de proporção, fragilidade, imprevisibilidade, impossibilidade*. A educação é uma oferta que jamais se ajustará à demanda.

Resta, assim, ao professor um lugar estruturalmente instável, tensionado pelo constante *desafio de mover-se no escuro* (Carvalho, 2016). Por se tratar de um ofício estruturado em torno de um impossível, o sujeito que se lança ao professar é a todo tempo convocado a fazer face à liberdade, isto é, convocado a agir, julgar, pensar, fazer escolhas, diante da irredutível desproporção que se aninha em seu ofício. Desde essa perspectiva, podemos pensar que *estar-mal*, no sentido de uma relação que jamais se ajusta e se previne, é algo estrutural às relações humanas e, ainda, agudizada no educar. O que o professor contingencialmente faz do impossível que estrutura seu ofício muda o fenômeno – mais ou menos afortunado – que chega até nós. O mal-estar docente – e não o sofrimento – é efeito da fragilidade constitutiva do educar, efeito de um (des)encontro que jamais se ajusta ou dissolve.

O sofrimento docente
no *viver junto aos outros*

> *A ação e a fala se relacionam especificamente com o fato de que viver significa sempre viver entre os humanos.*
>
> Hannah Arendt

A partir da discussão apresentada no capítulo anterior e do exame dos contornos frequentemente atribuídos ao sofrimento docente em nossa sociedade – aqueles colocados sob as luzes de nosso tempo –, façamos agora o exercício de buscar aquilo que parece ter sido deixado às sombras. Os aspectos centrais da face *iluminada* do sofrimento docente deixam revelar, como pudemos verificar, um certo consenso com relação ao modo pelo qual esse fenômeno é interpretado, bem como aos fatores situados em sua origem, as suas supostas *causas*.

Para dialogarmos com esses aspectos identificados, proponho neste capítulo uma reflexão acerca das concepções e representações sobre a educação e o ofício docente presentes em nosso imaginário social que parecem participar do aparecimento dos fenômenos relacionados ao sofrimento de um professor. Assim, partindo da consideração de que não há sujeito sem social, tampouco o seu inverso, acrescento à questão do sofrimento docente a sua vinculação com o social. Lanço-me, dessa forma, aos seguintes questionamentos: quais são as relações entre as ideias hoje predominantes em nosso imaginário social e a grande visibilidade e recorrência do sofrimento docente? De que forma elas participam do modo como o sofrimento docente aparece atualmente entre nós? Advertida pela frase emblemática que Freud (2010: 15) resgata em sua obra *O mal-estar na civilização*, "Para fora deste mundo não podemos cair",[6] incluirei *o mundo* nesta reflexão, com o intuito de refletir sobre o tecido discursivo no qual o sofrimento docente hoje aparece e se constitui. Os seres humanos, afirma Arendt (2019: 36), "não estão apenas no mundo, eles são *do mundo*".

A *inclusão do mundo* em nossa reflexão, por sua vez, se dá a partir de uma premissa fundamental, sustentada neste livro à luz do pensamento arendtiano e dos escritos da psicanálise, aquela da indeterminação da existência humana. Tal premissa pretende dialogar com as ideias de causalidade e de determinação que atribuem ao professor um lugar no qual ele estaria privado da possibilidade de agir, de operar algo novo e inesperado diante das possibilidades frequentemente restritas e precárias que lhe são apresentadas. Ao propor a participação e a influência de certos discursos – e dos mecanismos deles decorrentes – na forma como o sofrimento docente se constitui e aparece entre nós, não pretendo apontá-los como *causas* desse fenômeno. Desde Arendt poderíamos interpretá-los, antes, como *condicionantes* que em maior ou menor medida afetam o professor em seu ofício, isto é, criam condições de possibilidade à experiência social de um sujeito. Apesar de não ser jamais determinada, a existência humana é sempre uma existência condicionada, isto é, está sempre sujeita à força de condicionantes (Arendt, 2015).

Situado em uma perspectiva distinta, porém também caminhando em sentido oposto à ilusão individualista – ilusão que circunscreve questões de distintas ordens à dimensão do *indivíduo* –, a psicanálise propõe uma subversão na forma de ler as produções psíquicas. Essas, antes percebidas como epifenômenos somáticos, passam a ser lidas como efeitos da posição singular de um sujeito do inconsciente no social – entendido como campo da palavra e da linguagem. É importante destacar que, em ressonância com aquilo que propõe Arendt (2015), Freud (1972) não abona nenhuma forma de determinismo mecanicista ou lógica de causalidade. Não há *determinação linear* do social sobre o individual, tampouco o seu inverso; há antes um enlace constitutivo sujeito-social. Sobre essa relação, Miriam Debieux Rosa e Eliane Domingues (2010: 182) propõem, desde a psicanálise, que falar de sujeito é "falar de uma concepção ético-política, e não de uma faceta do indivíduo recortado em bio/psico/social, sujeito produto e produtor da rede simbólica que caracteriza o que chamamos o social e o político. Desvendar um é desvendar o outro". Tratemos então de examinar nas páginas que se seguem as condições desse enlace na docência em nossa sociedade.

A *CONDIÇÃO DOCENTE*

Com o intuito de melhor delimitar a posição desde a qual interpreto a experiência de um professor em seu ofício, proponho, neste ponto, pensá-la como uma *condição*: a *condição docente*. Ao recortar o ofício do professor como uma *condição docente*, busco ampliar o modo como serão examinados os fenômenos que com ele se relacionam. Tenciono mirá-lo, como a própria condição humana, não apenas como um ofício sujeito às condições concretas em meio às quais ele é exercido – baixos salários, elevada carga de trabalho, edificações precárias, escassez de recursos, superlotação das salas etc. –, mas também à força das representações e significações socialmente compartilhadas acerca da docência e do que implica educar um alguém.

Arendt (2015) assinala em sua obra a forma conjunta pela qual a "objetividade do mundo" e os condicionantes da existência humana operam sobre os sujeitos. Esses elementos, segundo a autora, complementam-se um ao outro: "por ser uma existência condicionada, a existência humana seria impossível sem coisas, e estas seriam um amontoado de artigos desconectados, um "não mundo", se não fossem os condicionantes da existência humana" (Arendt, 2015: 12). Tais elementos, incapazes de determinar a ação humana, atuam como *forças condicionantes.*

Segundo Arendt (2015), a existência humana na Terra se dá sob a força de algumas condições gerais que recaem de maneira inevitável sobre todos os seres humanos, visto que "nascem em um *ambiente natural*, ladeados pelo *artifício humano* que é o mundo, e sempre em *meio a outros*" (Correia, 2013: 205; grifos nossos). Ocorre que além das condições gerais – intrínsecas e estruturais – sob as quais a vida é dada ao homem na Terra, os seres humanos, propõe Arendt, constantemente criam e produzem suas próprias condições e essas, "a despeito de sua origem humana e de sua *variabilidade*, possuem o *mesmo poder condicionante das coisas naturais*" (2015: 12; grifos nossos). Assim, tudo aquilo que toca a existência humana ou com ela mantém uma relação duradoura assume imediatamente o caráter de *condição*. Independentemente do que façam, os seres humanos são sempre seres condicionados: "Tudo o que adentra o mundo humano por si próprio, ou para ele é trazido pelo esforço humano, torna-se parte da condição humana. O impacto da realidade do mundo sobre a existência humana é sentido e recebido como força condicionante" (Arendt, 2015: 12).

Partindo dessas ponderações, lanço-me à reflexão acerca dos condicionantes que, decorrentes da própria ação dos homens, não correspondem estritamente a uma condição estrutural e imperativa de toda a existência humana na Terra, mas carregam em si marcas de contingencialidade, de uma circunstancialidade – mesmo que aparentemente sólida e duradoura – social, histórica, cultural, temporal. Tais condicionantes, visto que produzidos por mãos humanas, têm como características fundamentais a historicidade e a variabilidade – aspectos que parecem guardar íntima relação com o próprio condicionante geral da ação humana: a pluralidade, o fato de que "os homens, e não o Homem, vivem na Terra e habitam o mundo" (Arendt, 2015: 9).

As forças condicionantes criadas por atos e palavras humanas operam no *espaço* situado entre as pessoas; *espaço* capaz de relacioná-las, mantê-las juntas, mas também de separá-las. A esse espaço que entre nós se insere, que nos mantém juntos como humanos e sob a condição da pluralidade, Arendt (2015) nomeia precisamente *espaço-entre* [*in-between*]. Esse espaço não é estático, tampouco homogêneo, mas se modifica e "varia de grupo para grupo de pessoas" (Arendt, 2015: 226). Ele contempla e procede do mundo que se interpõe fisicamente entre os homens, contudo não se resume a ele: há entre os homens algo essencial e singular que supera a objetividade do mundo. Segundo Arendt, o espaço-entre é recoberto por outro de natureza inteiramente diferente, posto que é constituído exclusivamente por atos e palavras: o *espaço-entre subjetivo*. Esse espaço não é tangível, "pois não há objetos tangíveis nos quais ele possa se solidificar: o processo de agir e falar não pode deixar atrás de si tais resultados e produtos finais" (Arendt, 2015: 226). Mas, a despeito de sua intangibilidade, o espaço-entre subjetivo é, segundo a autora, "tão real quanto o mundo das coisas que visivelmente temos em comum" (2015: 227) – realidade e importância que poderíamos aqui desdobrar aos seus efeitos, à forma como afetam – e condicionam – os sujeitos.

Valendo-se da potência metafórica do termo, Arendt evidencia a realidade – e também a intangibilidade – do espaço-entre subjetivo ao compará-lo a uma teia: a *teia de relações humanas*. Essa teia, propõe a autora, vincula-se ao mundo objetivo das coisas de forma absolutamente profunda e guarda importantes especificidades no modo como opera. Tal relação "não é como a de uma fachada ou, na terminologia marxiana, de uma superestrutura essencialmente supérflua afixada à estrutura útil do edifício" (Arendt, 2015: 227). Não há, a partir do pensamento arendtiano, uma separação, uma independência do que seria uma *estrutura útil* – o mundo objetivo – e *algo supérfluo* que a ela se sobrepõe – o espaço-entre subjetivo –, visto que é justamente neste último onde se opera, por meio dos atos e palavras, o desvelamento do agente que age e fala como um *alguém*, como *um ser absolutamente único*. É precisa e unicamente em meio à teia de relações humanas onde tudo aquilo que habita o mundo *aparece no espaço público* – e passa assim a *existir* entre os homens. Desde essa perspectiva, aparência e existência são ideias coincidentes (Arendt, 2019) de forma tal que não se faz possível pensar um sujeito fora do mundo – e de todas as relações, atos e palavras que a ele conferem existência.

Apesar da intangibilidade do que Arendt nomeia como espaço-entre subjetivo, seus efeitos e implicações em relação à condição humana parecem-nos, de fato, bastante concretos, visto que ao agirem e falarem os homens o fazem invariavelmente em meio a uma complexa teia de relações humanas. Não há indivíduo isolado, não há atos ou palavras professadas em isolamento e independência, já que mesmo as falas imaginadas referem-se a um interlocutor representado e internalizado. Os atos e as palavras integram e relacionam-se com o conjunto de atos e palavras humanas já realizados e proferidas, de tal forma que são por ele sempre – em alguma medida –

condicionados. Ao agirem e falarem uns com os outros, os sujeitos interpretam as obras humanas e a si mesmos, isto é, constroem entre si um conjunto de significados e representações acerca daquilo que os une em um mundo comum. E esses significados e essas representações, ao mesmo tempo em que *constituem, condicionam* os sujeitos.

* * *

Visando aprofundar a discussão a respeito do modo pelo qual as significações e representações sociais se relacionam com os sujeitos em uma sociedade, apresento brevemente a interessante reflexão desenvolvida por Cornelius Castoriadis (1982), em sua obra *A instituição imaginária da sociedade,* na qual se propõe a pensar sobre o enlace constitutivo existente entre os sujeitos e imaginário de uma sociedade. Tal reflexão incorpora importantes elementos à vinculação social que buscamos acrescentar à interpretação do sofrimento docente e soma-se à premissa aqui sustentada acerca da impossibilidade de que tal relação seja pensada em termos de determinação mecânica.

Castoriadis (1982) propõe que a organização de uma sociedade – da produção de sua vida material à sua própria reprodução enquanto sociedade – não se dá estritamente por leis naturais ou considerações racionais. À compreensão do modo de existência de uma sociedade, postula Castoriadis, faz-se necessária a consideração de um *fator unificante*; um fator que fornece significados e opera um entrelace com as estruturas simbólicas que nela existem. E esse fator não é o simples "real" – sensível –, tampouco o "racional" – pensado –: "a inspeção mais sumária da história é suficiente para mostrá-lo; se assim fosse, a história não teria sido verdadeiramente história, e sim ascensão instantânea a uma ordem racional, ou no máximo, pura progressão na racionalidade" (Castoriadis, 1982: 192).

É precisamente na *margem de indeterminação* da existência humana, propõe Castoriadis, que se situa o essencial do ponto de vista da história de uma sociedade: o que nela importa "não é certamente que os homens tenham cada vez comido ou gerado crianças, *mas antes de tudo, que o tenham feito de uma infinita variedade de formas*" (1982: 176; grifos nossos). O essencial diz respeito ao fato de que o mundo apresentado a certa sociedade é por ela

> *captado* de uma maneira determinada, praticamente, afetivamente e mentalmente, que um *sentido articulado* lhe é imposto, que são operadas distinções correlativas ao que vale e ao que não vale (em todos os sentidos da palavra valer, do mais econômico ao mais especulativo), entre o que deve e o que não deve ser feito. (Castoriadis, 1982: 176; grifos do autor)

É certo que essa estruturação social encontra seus pontos de apoio na corporalidade, na materialidade do mundo, uma vez que o mundo dado à sensorialidade já é necessariamente um mundo simbólico articulado, um mundo inscrito no interior das necessidades humanas (Castoriadis, 1982). Ocorre que para o ser humano "a realidade por mais material, 'exterior' ou natural que pareça ser, está sempre socialmente instituída de certa forma, revestida de significações ou simbolizações imaginárias" (Passos, 2006: 7). O mundo humano, assinalam Nilda Ferreira e Marisa Eizirik (1994: 6), uma vez que é sempre vivido real e imaginariamente pelos homens, transcende a esfera da natureza-em-si. Dessa forma, há em toda sociedade um sistema de representações cujos sentidos traduzem, segundo as autoras, "um sistema de crenças que, em última instância, legitima a ordem social vigente. Trata-se de uma complexa rede de sentidos que circula, cria e recria, instituindo/instituindo-se na luta pela hegemonia" (1994: 6).

Ferreira e Eizirik (1994), a partir do pensamento castoriadiano, propõem não ser possível a existência de relações sociais destituídas da dimensão simbólica. Segundo as autoras, nas práticas e relações sociais deixam-se revelar importantes contornos de um grupo ou sociedade, visto que "as crenças, os mitos, os tabus se concretizam em práticas sociais coletivas, expressão de aspirações, de desejos, de motivações dos integrantes do grupo" (1994: 8).

A respeito da relação entre a dimensão simbólica e o conteúdo da vida social, Castoriadis (1982) propõe não se tratar, certamente, de uma determinação de uma sobre a outra. Existe, antes, uma articulação bastante específica, *sui generis*, "que desconhecemos e deformamos ao querer captá-la como pura causação ou puro encadeamento de sentido, como liberdade absoluta ou determinação completa, como racionalidade transparente ou sequência de fatos brutos" (1982: 152). Segundo o autor, a despeito do simbolismo de uma sociedade ser por ela constituído, ela não o faz dentro de uma liberdade total. O simbolismo, continua Castoriadis, está sempre enraizado no natural e no histórico – naquilo que ali já estava. Assim, não é ele nem livremente escolhido, nem imposto à sociedade, "nem simples instrumento neutro e *médium* transparente, nem opacidade, impenetrável e adversidade irredutível, nem senhor da sociedade, nem escravo flexível da funcionalidade, nem meio de participação direta e completa em uma ordem racional" (Castoriadis, 1982: 152). A articulação entre o simbolismo e a vida de uma sociedade é sempre da ordem do singular, e "faz com que surjam encadeamentos de significantes, relações entre significantes e significados, conexões e consequências, que não eram nem visadas nem previstas" (1982: 152).

Como um ser marcado pelo *viver juntos*, sob a condição da pluralidade, o ser humano "se define, e é definido pelos outros, em relação a um 'nós'" (Castoriadis, 1982: 178), a um grupo, uma coletividade, uma sociedade. Dessa forma, nas interações com o coletivo, nas relações sociais, é possível ao ser humano ver a *imagem* que tem de si próprio e dos outros (Ferreira e Eizirik, 1994). Como um sistema simbólico, propõem as autoras, há no imaginário social produções de sentidos "que circulam na sociedade e que permitem a regulação de comportamentos, de identificação, de distribuição de papéis sociais" (1994: 6). Que imagem é essa que hoje sustentamos acerca do professor e da docência em nosso imaginário social? Que lugar ele ocupa na vida junto aos outros?

Desde essa lógica, também aquilo que em uma sociedade emerge como um *problema* ou uma *pergunta* relaciona-se diretamente com a sua maneira de existir no mundo (Castoriadis, 1982). Esses se constituem e aparecem em profunda articulação com o conjunto de significações compartilhado por aquele grupo determinado. O sofrimento docente – na forma como aparece e é interpretado em nosso país – poderia ser impensável, e mesmo não existir, em uma sociedade na qual o imaginário social articula-se de forma distinta da nossa; aqui ele aparece com tamanha frequência e explicitação porque há condições de possibilidade para seu aparecimento.

Assim como as *perguntas* que socialmente emergem, as *respostas* que a elas damos são também efeitos das significações imaginárias, visto que nem a realidade nem a racionalidade são capazes de fornecê-las individualmente. Por meio de tais *respostas* ou *definições* uma sociedade pode esboçar a sua identidade, sua articulação, sua relação com o mundo e com os objetos que nele estão, suas necessidades e seus desejos. Sem uma resposta a essas perguntas, observa Castoriadis (1982: 177), não existe mundo humano, sociedade e tampouco cultura; tudo permaneceria como um caos indiferenciado.

Decerto que ao falar em *perguntas*, *respostas* ou *definições*, o autor o faz de forma metafórica. Não se trata, diz ele, de perguntas e respostas colocadas explicitamente. A sociedade, observa Castoriadis, constitui-se fazendo emergir uma resposta a essas perguntas em sua própria vida e existência, em sua atividade. "É no fazer de cada coletividade que surge como sentido encarnado a resposta a essas perguntas, é esse fazer social que só se deixa compreender como resposta a perguntas que ele próprio coloca implicitamente" (Castoriadis, 1982: 177).

A partir da discussão aqui iniciada, proponho algumas reflexões sobre aquilo que parece mobilizar e produzir condições de possibilidade ao *problema* do sofrimento docente. Quais são os elementos do imaginário social e da narrativa educacional que participam do seu aparecimento? As reflexões mobilizadas nesta seção reiteram uma das proposições centrais deste livro, a partir da qual afirmamos a impossibilidade de explicar o sofrimento de um professor a partir da precariedade material de seu ofício, tampouco de restringi-lo a uma dimensão individual, a um corpo orgânico.

O lugar da docência no tecido simbólico social

Ainda que a educação consista em uma responsabilidade compartilhada com todos os demais habitantes adultos do mundo, o que o professor faz e professa em seu ofício se dá sob condições bastante singulares. A docência é, decerto, uma profissão, uma ocupação profissional, contudo, a *ação de educar um alguém, dentro de uma escola*, extrapola os limites de um *ofício* quando a consideramos a partir do modo como ela participa da teia de relações que ordena e constitui uma sociedade. Mais do que um ofício, a docência representa uma *responsabilidade no viver junto aos outros*.

O sujeito que dá vida à figura docente dentro de uma escola carrega a responsabilidade por uma transmissão ordenada sobre princípios públicos, ou seja, sobre princípios voltados ao acolhimento e à integração de uma nova geração em um mundo construído por sujeitos que vivem juntos, e agem, de forma irrestrita, sob a condição da pluralidade. Não é às "suas" crianças que um professor se dirige, tampouco é sobre o "seu" mundo privado que ele professa. Um professor não é um adulto-individual que se endereça a uma criança-individual a partir princípios e interesses privativos: "Face à criança, é como se ele fosse um representante de todos os habitantes adultos, apontando os detalhes e dizendo à criança: – Isso é o nosso mundo" (Arendt, 2014: 239).

No educar, propõe Arendt (2014), essa responsabilidade pelo mundo e pelos recém-chegados assume a forma de autoridade. "Há educação, porque há autoridade. E há autoridade, antes de tudo, porque a sociedade *interessa-se* necessariamente por aquilo que se passa no processo educativo" (Gauchet, Blais e Ottavi, 2013: 45; tradução e grifos nossos). Podemos compreender a ideia de *interesse*, apresentada pelos autores, a partir da proposição arendtiana de que os "interesses constituem, na acepção mais literal da palavra, algo que inter-essa [*inter-est*], que se situa entre as pessoas e que, portanto, é capaz de relacioná-las e mantê-las juntas" (Arendt, 2015: 226). São interesses que provêm do mundo das coisas no qual os homens se movem e que se interpõe fisicamente entre eles. A educação, nesse sentido, situa-se *entre* as pessoas, é algo que nos mantêm juntos, e relacionados, diante do fato da natalidade, isto é, diante do fato de que a todo instante seres novos nascem no mundo (Arendt, 2015).

Há autoridade na educação, apontam Gauchet, Blais e Ottavi (2013), porque no educar somos colocados em contato com aquilo que por excelência nos é "imposto" a despeito de nossa escolha: a cultura em que devemos todos entrar, que nos precede, envolve e domina em alguma medida. A cultura reveste-se de autoridade, assinalam os autores, pois somos impelidos a dela nos tornarmos contemporâneos; sem ela não há nada que possamos vir a ser. Não há indivíduo autônomo, isolado, fora de uma história e do mundo. O professor, nesse sentido, é um "representante dessa autoridade sem rosto, mas extremamente pregnante. Ele está na posição de mediador diante dela" (Gauchet, Blais e Ottavi, 2013: 45; tradução nossa).

Em face da cultura e dos alunos, o professor deve desempenhar então um papel de *intercessor* (Gauchet, Blais e Ottavi, 2013); ele deve proteger os recém-chegados da autoridade da cultura naquilo que ela pode ter de esmagadora, ele a torna familiar, acessível, argumentável, discutível. A peculiaridade dessa *autoridade mediadora* do professor, propõem os autores (2013), é que ela deve ser exercida tendo em vista a *liberdade interior de seus destinatários*. É uma autoridade estritamente desinteressada; ao contrário dos pais em relação aos filhos, o mestre não busca conquistar ou manter o amor de seus alunos. Ela visa apenas ensiná-los a prescindir dela, visa que adquiram um domínio crítico e reflexivo da cultura em que devem ingressar (Gauchet, Blais e Ottavi, 2013).

A responsabilidade conferida ao professor de atuar como representante de todos os habitantes adultos, bem como de exercer junto aos alunos um papel de intercessor, parece demandar-lhe uma capacidade bastante singular: o professor, ao se endereçar aos alunos, deve ser capaz de enraizar seus atos e palavras em um modo de pensamento mais amplo do que aquele que se desdobra do diálogo interior consigo mesmo. A docência parece exigir um esforço em direção ao que, no âmbito político, Arendt (2014) nomeia de *pensamento representativo*. Tal pensamento é formado a partir de diferentes pontos de vista, de maneira que nele se fazem também presentes as posições dos que estão ausentes. A continuidade e a permanência do mundo – condições que possibilitam que o mundo se apresente como um lar para os humanos, a despeito das constantes mudanças que nele se operam – enraízam-se em uma educação que transmite aos que chegam marcas de pertencimento ao legado humano, à história em curso que sempre lhes será antecedente. Para transmiti-las, o professor, ainda que não personifique os ausentes, deve ser capaz de falar em nome deles, em nome de uma tradição.

Essa representatividade, por sua vez, não espolia o professor da possibilidade de uma fala em nome próprio, ao contrário. Ela cria condições de possibilidade a uma transmissão tecida como uma versão singular da narrativa humana, visto que está impregnada de marcas da narrativa de vida de seu narrador, marcas de *quem ele é*. O processo de representação do outro "não adota cegamente as concepções efetivas dos que se encontram em algum outro lugar, e por conseguinte contempla o mundo de uma perspectiva diferente" (Arendt, 2014: 299); a representação contempla e, arrisco afirmar, potencializa aquilo que de mais singular habita o sujeito. *Quem o professor é* desvela-se justamente no processo integrador dessas múltiplas vozes e sujeitos ausentes. O modo como eles são escolhidos e ordenados em sua fala em nome próprio deixa revelar os contornos do alguém único e singular que professa.

Ainda, o pensamento representativo confere raízes e refinamento à complexa e humana capacidade de julgar, visto que

> quanto mais posições de pessoas eu tiver presente em minha mente ao ponderar um dado problema, e quanto melhor puder imaginar como eu sentiria e pensaria se estivesse em seu lugar, mais forte será minha capacidade de pensamento representativo e mais válidas minhas conclusões finais, minha opinião. (Arendt, 2014: 299)

Em face dos assuntos humanos, bem como do devir sempre incerto daquilo que se passa no educar, é-nos exigida a todo tempo a capacidade de julgar. Capacidade essa que não pode ser exercida por meio da aplicação de metodologias ou receituários pedagógicos diariamente ofertados aos professores, como se esses instrumentos fossem capazes de antever aquilo que se desdobra no tempo e no espaço singulares de um *encontro*. Não parece possível, afinal, "'ser ou estar bem formado' de antemão para 'nadar de braçada' numa experiência que ainda não teve lugar pela simples razão que os personagens que irão vivê-la não se encontraram" (Lajonquière, 2020: 43).

A condição *pública* da docência – e que isso não se confunda com o fato de ela ser exercida dentro de uma escola pública ou privada – implica, portanto, que o professor dê testemunho e sustente em sua voz os atos e as palavras de outros sujeitos – dos que o antecederam e dos que lhe são contemporâneos. É uma fala em nome próprio, porém profundamente enraizada *fora de si*, visto que a escola, enquanto instituição representante do mundo, "deve deixar-se impregnar extensivamente pela herança cultural e não pela parcialidade de propósitos doutrinários, ideológicos ou de cultivo e de preparação para atividades específicas" (Azanha, 2004: 373). A docência é, assim, um ofício que, ao mesmo tempo que deita as suas raízes de modo profundo em tradições pregressas – visto que é o professor *um representante de todos os habitantes adultos* –, está intimamente relacionada ao exercício de um agente a quem é possível experimentar a liberdade do agir, do pensar, do ajuizar – afinal é ele *quem*, de algum modo, escolhe e *aponta às crianças os detalhes do mundo*.

Ainda sobre os aparentes paradoxos que parecem se aninhar no ofício docente, Gauchet, Blais e Ottavi (2013: 47; tradução nossa) assinalam algo bastante concreto e de fundamental importância à reflexão aqui mobilizada: "o ensino acontece dentro de uma instituição. Ele não ocorre na privatividade da família. Ele é diferente da preceptoria em seu princípio, e não apenas por questões de economia. Essa realidade institucional não é contingente". Uma das particularidades da relação educativa, propõem os autores, é que ela é ao mesmo tempo institucional e pessoal. Ela é pessoal não no sentido de que envolve algo da intimidade das pessoas, mas porque está profundamente relacionada com a *presença*. É na presença dos seres que a transmissão se dá de forma privilegiada:

> as coisas mais abstratas da mente, aquelas que surgem do puro exercício da razão, em princípio, tornam-se mais acessíveis e mais claras quando nos chegam por intermédio de um outro, de sua voz, de seu corpo, de sua vida, dessa aura que chamamos de presença, e daquilo que implicitamente se dá a escutar de sua própria relação com o que é ensinado. [...] Não podemos prescindir de nossos pares para nos instruirmos. (Gauchet e Blais e Ottavi, 2013: 47; tradução nossa)

Além de ser fundamental que aconteça no âmbito de uma instituição e seja ordenado por suas regras impessoais, é essencial que o ensino ocorra em grupo, e não apenas por motivos funcionais ou pela necessidade de socialização (Gauchet, Blais e Ottavi, 2013). A importância desses aspectos se dá não apenas

> em função da congruência entre a impessoalidade do âmbito [institucional] e a universalidade do saber que forma o objeto da transmissão, mas porque o anonimato relativo do grupo e da instituição é a condição de uma liberdade pessoal na aquisição. Representa uma garantia do carácter individual da apropriação, da distância do sujeito que o deixa intimamente no controle de sua implicação. É isso o que protege a relação de ensino de se tornar uma relação de influência. (Gauchet, Blais e Ottavi, 2013: 48; tradução nossa)

Desse modo, cabe ao professor a complexa tarefa de conjugar em sua práxis as múltiplas nuances de uma relação profundamente interpessoal que acontece dentro de uma instituição.

* * *

Esse conjunto de ponderações acerca do lugar simbólico atribuído à docência em uma sociedade, bem como sobre os contornos necessários à figura do professor para que a educação seja possível, motivam uma reflexão sobre o modo como esses aspectos articulam-se e aparecem hoje em nossa sociedade. Que lugar ocupa a docência em nosso imaginário social? Em meio a quais forças condicionantes agem e falam os nossos professores? A partir desses questionamentos, examino de que modo a grande incidência dos fenômenos do sofrimento docente relaciona-se com um desequilíbrio ou apagamento de condições que nos parecem essenciais ao exercício da docência, e à própria educação, em razão de um processo de precarização simbólica do ofício docente. O que esses fenômenos dizem sobre os contornos simbólicos hoje atribuídos ao ofício do professor em nosso imaginário social? Na análise aqui proposta, os fenômenos do sofrimento docente serão interpretados como um conjunto de manifestações que dizem algo sobre a especificidade do contexto no qual aparecem, isto é, como marcas ou *sintomas de uma época* (Lajonquière, 1998b).

Hannah Arendt, em seu ensaio sobre a *crise na educação*, apresenta importantes elementos para a reflexão acerca do tecido discursivo em que são hoje alinhavados os atos e as palavras do professor. As análises da autora iluminam os dilemas e impasses com os quais a educação tem de se haver no mundo moderno. O mundo que emerge a partir de sua eclosão – marcado por rupturas e incertezas – parece ter lançado a educação em um mar mais turbulento do que o habitual, mar esse movimentado por forças que impelem o seu deslocamento nos mais variados e conflituosos sentidos. A educação, ao ver-se obrigada a seguir sobre "um mundo que não é estruturado nem pela autoridade nem tampouco mantido coeso pela tradição" (Arendt, 2014: 245-246), segue como se lhe houvessem furtado seus mapas e suas bússolas: ela desconhece os mares onde navega e não tem mais certeza sobre como encontrar o norte. Desprovidos da coesão à qual a tradição nos inspira, somos, todos, impelidos ao ajuizamento, sob risco de sermos lançados à deriva.

Da instabilidade e abertura proporcionadas pela crise emergem discursos e enunciados que buscam reparar o tecido rasgado pela perda da autoridade e da tradição, atribuindo à educação novas organizações, finalidades e modos de funcionamento. Perdido o corrimão que outrora poderia guiar a ação e o pensamento humanos, são distintos os entendimentos que emergem de uma condição crítica, bem como as atitudes em face dela. Alguns podem concluir que a crise é uma fatalidade diante da qual nada resta fazer, outros, ainda, concebem-na como um momento de desequilíbrio passageiro entre dois períodos de suposta normalidade, passível de ser superado por intervenções pedagógicas consideradas mais modernas e tecnicamente adequadas (Lajonquière, 2022b).

Arendt (2014), entretanto, não sela destinos, tampouco modos específicos de responder a uma crise: ela a apresenta como um fenômeno em aberto. A crise assinalada pela autora, observa Carvalho (2019: 10), não é "saudada como progresso, nem lamentada como declínio, mas concebida como um momento decisivo que comporta riscos e oportunidades. Ela tanto pode representar a oportunidade de uma nova relação com o legado do passado como pode se configurar como um risco que comporta graves consequências". Isso porque, propõe Arendt (2014), o fio que se rompe com a perda da tradição é ao mesmo tempo aquele que nos guiou com segurança pelos vastos domínios do passado e "a cadeia que aguilhou cada sucessiva geração a um aspecto predeterminado do passado" (2014: 130). O que, portanto, a crise convoca, como *momento decisivo* (Carvalho, 2019), é a ação e a implicação daqueles que a vivenciam, o ajuizamento diante da singularidade daquilo que eclode no mundo sob novas configurações. "Trata-se, antes, de se *manter alerta* em relação aos potenciais efeitos da crise" (2019: 10; grifos nossos).

A esperança e abertura que Arendt confere à ideia de crise parece aninhar-se precisamente na faculdade humana de agir, de fazer emergir o inesperado. Em face das rupturas proporcionadas por uma crise, são inúmeros os caminhos que podem ser tomados por um sujeito ou uma sociedade. Além disso, a ação de alguém se depara sempre com outros agentes que não apenas a padecem, mas agem sobre ela. A faculdade humana de agir mantém aberta no horizonte dos sujeitos a possibilidade de resistir, de suportar, de operar uma mudança no rumo dos acontecimentos. Assim, não há caminho ou destino único para uma crise. Ao agir, o sujeito emerge, aparece no mundo, justamente como aquilo que resta e resiste às forças de repetição, ao comportamento mecânico: ele é *diferença criativa*.

Pergunto: qual resposta temos dado, enquanto sociedade, à abertura proporcionada pela crise? Quando perdemos as respostas em que nos apoiávamos de ordinário (Arendt, 2014), de que modo fazemos face na educação à chegada de novos seres? Como essas respostas parecem afetar o lugar do ofício docente no tecido simbólico social?

Sob o álibi da cientificidade e da eficácia, vemos com frequência os interesses e as metas educacionais serem construídos a partir de lógicas privativas, impessoais e utilitárias, que sonham com uma educação desvinculada da implicação dos sujeitos na preservação e manutenção de um mundo comum. Uma educação ordenada a partir de uma lógica pedagógica que

> recusa tanto o apoio sobre a tradição como a valorização da iniciativa e a invenção individuais (aquilo a que se chama arte), em benefício de métodos considerados exatos e sancionados pelos especialistas [*savants*], de métodos sobretudo eficazes, dotados do poder de ajustar os meios aos fins. Quanto à definição desses fins, resta-nos apenas constatar o *desaparecimento de qualquer dimensão política* ou filosófica na sua definição. Encontra-se aqui o ponto de partida de uma visão tecnicista da pedagogia, reduzida à procura de meios, à procura de uma aplicação. (Gauchet, Blais e Ottavi, 2013: 100-101; tradução e grifos nossos)

São essas respostas que "estão a serviço da negação da dimensão política envolvida na educação" (Lajonquière, 2022, n. p.; tradução nossa), justamente aquelas capazes de transformar uma crise em um desastre. Elas fazem minguar, a cada dia, o mundo comum – como palco de aparecimento da ação –, bem como a potência da palavra adulta enquanto seu representante.

Note-se que as reflexões acerca da *dimensão política* das respostas que temos dado à chegada de novos seres no mundo diz respeito à educação – enquanto responsabilidade humana que tem por essência a natalidade –, e não às relações pedagógicas. Arendt (2014) discorre acerca dessa questão ao assinalar uma distinção fundamental entre o domínio da educação e o domínio da vida política. Tal distinção não visa negar a dimensão política das instituições e práticas educacionais, mas, antes, como propõe Carvalho (2014: 815), a alocar a relação pedagógica em um "âmbito intermediário entre esses domínios: numa esfera pré-política que, embora de grande relevância e profundo significado para a ação política, com ela não se confunde, em razão da natureza das relações que engendra e da peculiaridade de seus princípios e práticas".

No âmbito da política, agimos em meio a adultos e com iguais, assinala Arendt (2014), o que não ocorre na experiência educativa. Uma criança não é um adulto no momento presente, mas virá a sê-lo no futuro. A escola, então, situada num âmbito pré-político da existência humana, "não é de modo algum o mundo e não deve fingir sê-lo; ela é, em vez disso, a instituição que interpomos entre o domínio privado do lar e o mundo com o fito de fazer com que seja possível a transição, de alguma forma, da família para o mundo" (Arendt, 2014: 240).

Desse modo, a distinção entre esses dois domínios, propõe Carvalho (2014: 815) à luz de Arendt, não pretende separar cada um deles – a educação e a política – em esferas incomunicáveis, "mas apenas evitar sua fusão – e a decorrente confusão teórica e prática – num todo indiscernível". Isso porque, elucida Carvalho (2014: 821),

> enquanto a marca do caráter político de uma relação é seu compromisso com a igualdade entre os que nela estão envolvidos, a de uma relação pedagógica é o mútuo reconhecimento da assimetria de lugares como fator constitutivo de sua natureza e, no limite, como sua razão de ser. Uma assimetria cujo destino é o progressivo e inexorável desaparecimento, mas cuja manutenção temporária é a própria condição de proteção daqueles que são recém-chegados à vida e ao mundo.

Assim, o caráter público e político da educação enraíza-se no seu entendimento como um compromisso – que concerne a todos os habitantes adultos – com a renovação do mundo comum e com o acolhimento dos novos que a ele chegam. "É o caráter geral do problema da natalidade que confere aos problemas da educação relevância pública e política" (Carvalho, 2014: 816). É justamente tal compromisso que parece ser olvidado nas respostas que temos dado ao fato da natalidade. Respostas que deixam os fios da teia de relações humanas perecerem à ruína do tempo, posto que renunciam à sua tessitura. Respostas que lançam os recém-chegados a uma condição de abandono ou orfandade, visto que se eximem da responsabilidade pelo mundo no qual as crianças devem vir a conquistar um lugar para si. São respostas técnicas, anônimas e impessoais que buscam se esquivar da *presença junto aos outros*.

O processo de esvaziamento da dimensão pública e política das respostas que temos dado à educação deixa marcas em diversos discursos e mecanismos educacionais, além de embaralhar – ou mesmo apagar – algumas de suas dimensões essenciais. Tornados fluidos os contornos da *dimensão institucional da relação educativa* (Gauchet, Blais e Ottavi, 2013), Azanha (2004) observa ser um grande problema da educação contemporânea a ilusão de que a experiência escolar possa ser explicada em termos de uma *relação entre dois* – aquele que ensina e aquele que aprende. Azanha assinala que enquanto nas relações pedagógicas preceptoriais, que ocorriam no âmbito da casa, do convento, do castelo etc., o preceptor "atuava em nome da família, o professor atua na escola (estatal ou particular) em nome de um mundo público" (2004: 372). A passagem do ensino preceptorial para o ensino escolar, propõe o autor, não se reduz a transformar a didática de um ensino individualizado em um ensino coletivizado. Essa redução seria, antes, "fruto de uma confusão entre individual e privado e entre coletivo e público, obscurecendo o fato essencial de que o preceptor era um agente da família e a escola é um agente social" (Azanha, 2004: 372). Um agente que deve se responsabilizar por um mundo que não lhe é privativo, mas comum a todos.

Os contornos difusos hoje atribuídos a diversos elementos estruturais da educação, como a tradição, a autoridade, bem como a suas dimensões pública e política, afetam de forma profunda o exercício docente. Torna-se cada vez mais difícil ao professor contemplar em sua práxis as tarefas de "prover e preservar o mundo para o constante influxo de recém-chegados que nascem no mundo como estranhos, além de prevê-los e levá-los em conta" (Arendt, 2015: 11). Isso porque vemos a cada dia a figura docente ser espoliada dos elementos que lhe conferem um lugar distintivo – de representante do mundo – no tecido social. Se o discurso educacional contemporâneo se estrutura em torno da recusa tanto da tradição como das marcas singulares que um sujeito deixa ao endereçar-se a alguém, não há como revestir de autoridade aquele que ensina. Com o minguar da autoridade, a figura docente parece não mais usufruir de uma inscrição simbólica distintiva na vida junto aos outros. O professor deve se haver, então, não apenas com a precariedade material em seu ofício, mas também com uma *precariedade simbólica*. Deve permanecer presente em um ofício que, em nossa história próxima, "sofreu considerável desgaste intelectual, social, cultural e econômico" e viu a figura do mestre idealizado de outrora "ceder lugar a um profissional sucumbido à atual massificação industrial, comunicacional" (Pereira, 2008: 20). Valor, autoridade e legitimidade são aspectos reiteradamente esvaziados no ofício docente.

A despeito do retraimento desse lugar simbólico no tecido social, professores continuam a existir – e a resistir – dentro das escolas. A concretude da sua existência não se apaga juntamente com o seu lugar de ação e enunciação. Resta ao professor, então, a complexa tarefa de cotidianamente gerir, de fazer algo com a *contradição de habitar um não lugar*. Diariamente, devem ir à escola e enfrentar as tarefas compreendidas no educar; diariamente, devem se colocar diante de recém-chegados que, de um ou outro modo, demandam-lhes alguma coisa pelo simples e complexo fato de que estão todos eles ali *presentes*, partilhando um mundo comum.

A contradição de *habitar um não lugar*, como veremos no decorrer desta obra, é sentida pelos professores de distintos modos – inclusive e sobretudo como uma forma de sofrimento – e é capaz de mobilizá-los também nos mais diferentes sentidos. Há, todavia, um movimento – próximo até de uma estereotipia –, impulsionado pelo discurso educacional contemporâneo, que parece ter se tornado bastante recorrente entre os professores. Como uma tentativa de reconstruir o lugar docente tornado ausente no imaginário social, vemos uma grande quantidade de professores se submeterem de forma sistemática a infindáveis cursos de reciclagem, capacitação, atualização. Vemos os professores desdobrarem-se

> para estudar novas prescrições formativas, para instituir outras modalidades de planejamento, para desenhar metodologias e estratégias de ensino menos tradicionais, capazes de satisfatoriamente garantir aprendizagens sob condições as mais adversas possíveis, para buscar aquecer as aulas com novas tecnologias educacionais e novas "criações" dos tentáculos pedagógicos; bem como para estabelecer práticas avaliativas menos ortodoxas, de acordo com alguma teoria efêmera, que contagia de tempos em tempos o discurso escolar. (Pereira, 2008: 21)

Busca-se, de algum modo, substituir a autoridade em que deveria estar enraizada a figura docente pela ideia de qualificação técnica, ignorando o fato de que essas não são ideias equivalentes. "A autoridade do educador e as qualificações do professor não são a mesma coisa. Embora certa qualificação seja indispensável para a autoridade, a qualificação, por maior que seja, nunca engendra por si só autoridade" (Arendt, 2014: 239). A "qualificação do professor", a despeito da falta de consenso sobre o que ela poderia significar e do lugar inatingível que parece ter sido colocada, diz antes de sua capacidade de "conhecer o mundo e ser capaz de instruir os outros acerca deste, porém sua autoridade se assenta na responsabilidade que ele assume por este mundo" (Arendt, 2014: 239). Hoje essas ordens parecem estar embaralhadas. Visa-se a ocupar o espaço da autoridade com uma suposta qualificação ou competência técnica, atualmente traduzida em metodologias, cursos e modernos aparatos pedagógicos supostamente capazes de conferir estabilidade, eficácia e assertividade ao ofício docente.

Vemos, assim, a resposta docente à chegada dos novos ao mundo ser cifrada em enunciados técnicos, especializados e herméticos que nada querem saber da experiência e do mundo comum, tampouco da posição de autoridade – enraizada na responsabilidade pelo mundo e pelos recém-chegados – desde a qual o professor é capaz de endereçar uma palavra a uma criança. A "capacitação sempre insuficiente" relaciona-se precisamente ao fato de que acúmulo de conhecimento algum é capaz de – isoladamente – converter-se em autoridade. Não há conhecimento técnico capaz de restituir ao professor o seu lugar simbólico hoje tornado vazio e precário.

A TECNICIZAÇÃO DO ENSINO

O processo aqui nomeado como *precarização do ofício docente* constitui-se a partir de uma série de discursos tecidos em torno do educar que veiculam ideias, enunciados e representações acerca de diversos aspectos do *ser* e do *fazer docentes*. Discorrem acerca das competências, formações e qualidades exigidas a um professor, do modo como ele deve se relacionar e se dirigir aos alunos, colegas, gestores, de como deve organizar a sua aula e seu planejamento, entre

O sofrimento docente no viver junto aos outros

outros. Dentre os discursos que participam desse processo, examinaremos de forma específica o *discurso de tecnicização do ensino*, em razão de sua percebida predominância no campo educativo, bem como pelo modo como afeta os sujeitos situados sob o seu domínio. As condições que esse discurso cria ao exercício do ofício docente, propomos, parecem estar intimamente relacionadas aos fenômenos do sofrimento docente.

Não busco aqui traçar uma evolução histórica do pensamento tecnicista no campo educativo, tampouco criar um encadeamento entre as ideias e acontecimentos assinalados a seguir; pretendo antes somar à reflexão desenvolvida neste livro alguns fenômenos e enunciados acerca da docência e da educação que, já há várias décadas, parecem deflagrar uma inclinação no sentido da tecnicização do ensino. Estudos sobre a História da Educação no Brasil apresentam interessantes suportes materiais que, desde o final do século XIX, parecem reificar, de forma bastante relevante, elementos dos discursos dominantes à ocasião. Há diversos trabalhos que se dedicaram ao exame dos impressos escolares, que destacam uma importante mudança pela qual passou o discurso pedagógico entre os séculos XIX e XX. A transformação diz respeito, essencialmente, à forma como a pedagogia é percebida, impactando diretamente os padrões e modelos acerca do exercício do ofício docente: pedagogia como *arte prática de ensinar* ou como *ciência*?

Acerca dessa questão, Marta Maria Chagas de Carvalho (2000: 111) observa que

> No campo normativo da pedagogia moderna, que animou as iniciativas de institucionalização da escola no Estado de São Paulo a partir do final do século XIX, a pedagogia é arte de ensinar. Essa pedagogia estrutura-se sob o primado da visibilidade, propondo-se como arte cujo segredo é a boa imitação de modelos. Diferentemente, a chamada pedagogia da Escola Nova, que começa a se difundir no país em meados da década

O sofrimento docente

de 20, pretende subsidiar a prática docente com um repertório de saberes autorizados, propostos como os seus fundamentos ou instrumentos.

A partir da concepção de ensino como *arte prática*, Carvalho aponta que muitos livros de pedagogia que circulavam no final do século XIX organizavam-se "como guias de aconselhamento recheados de preceitos moralizantes que visam moldar, segundo representações éticas de longa tradição no pensamento teológico-político europeu, um novo tipo de profissional: o professor" (Carvalho, apud Oliveira, 2017: 36). Segundo a autora, tais impressos combinavam os intentos moralizantes com objetivos mais pragmáticos, "fornecendo ao professor informações e conselhos úteis para o exercício da arte de ensinar" (apud Oliveira, 2017: 36).

A pedagogia, como *arte prática de ensinar*, centrava-se na visibilidade e na imitabilidade das práticas pedagógicas como forma de propagação dos métodos de ensino e das práticas de organização da vida escolar (Carvalho, 2000). O processo de *ensinar a ensinar* pretendia, assim, fornecer modelos, "seja na forma de roteiros de lições, seja na forma de práticas exemplares cuja visibilidade é assegurada por estratégias de formação docente, preferencialmente dadas a ver em Escolas Modelo,[7] anexas às Escolas Normais" (Carvalho, 2000: 113). Diante dos modelos fornecidos, não restava ao professor – como poderíamos hoje pensar – apenas a missão de copiá-los mecanicamente, mas de "apreender os princípios da arte de ensinar e de aplicá-los *inteligentemente* na prática" (Carvalho, 2000: 113; grifos nossos).

Sob o impacto de novas orientações, direcionamentos teóricos e doutrinários, a pedagogia como arte de ensinar foi gradativamente cedendo espaço às iniciativas reunidas em torno da pretensão de se construir uma *pedagogia científica* (Carvalho, 2000). Segundo Michèle Roullet (2001), na Europa do século XIX o fervor pela ciência fez com que se desenvolvesse na sociedade uma forma de *fobia ao acaso, ao aleatório*; tudo deveria ser organizado, racionalizado, planejado. Essa necessidade de controle e previsibilidade fez-se também presente nos sistemas educativos. Tratava-se de construir um sistema escolar "coerente", no qual deveria ser desenvolvido na criança o hábito de exercer a sua razão (Roullet, 2001). Nesse período, nos diz a autora, difunde-se a expressão *educação racional*, mais tarde substituída pela palavra *pedagogia*.

Buscava-se, então, assevera Carlota Boto, a proposição de um novo modelo de educação:

> aquela que se consolidaria como alternativa às convenções e à tradição; aquela que tomaria como verdade presumida irredutível o valor intrínseco dos interesses da criança, como pressuposto operatório para projetar sua educação. A pedagogia propunha-se, desde então, como um campo do saber cuja meta seria o rompimento dos pilares da tradição, para firmar conceitos teóricos e procedimentos metodológicos que se apresentassem universalmente válidos e cientificamente comprovados para preparar o caminho das gerações vindouras. (2003: 379)

Com o advento da ideia de uma *ciência pedagógica*, multiplicam-se os debates acerca da formação profissional dos professores primários: "para que se tornassem verdadeiros *mestres da infância* [...], deveriam aprender os princípios psicológicos elementares" (Roullet, 2001: 8; tradução e grifos nossos). As escolas normais e os manuais pedagógicos participam ativamente desse contexto, como espaços e ferramentas para a concretização de uma nova *ciência da educação* (Roullet, 2001). Nesse movimento, as críticas já antigas sobre o *reduzido caráter profissional* das escolas normais ganharam maior ênfase, "num momento em que a 'nova' orientação do ensino requeria conhecimentos sobre o desenvolvimento e a natureza da criança, os métodos e técnicas de ensino a ela adaptados e os amplos fins do processo educativo" (Tanuri, 2000: 70). A tecnologia educacional, fundamentada em uma *pedagogia científica*, viria para salvar a já obsoleta e agonizante educação.

Em tal contexto, passaram a circular entre os professores primários os manuais pedagógicos caracterizados como Tratados de Educação (Carvalho, 2000). Esses marcavam

> a necessidade de embasamento teórico de diferentes ciências, inclusive do surgimento da disciplina Pedagogia nas Escolas Normais, para o domínio da tarefa de educar. O ato educativo e a prática docente não estariam mais ligados à arte de ensinar, ou ainda, a modelos de prática [...], consolidando as ciências como base de princípios e fundamentos para a educação. (Carvalho, 2000: 14)

Com o movimento de construção de uma *pedagogia científica*, firmada em conceitos teóricos e procedimentos metodológicos pretendidos como universalmente válidos, opera-se um importante deslocamento nos aspectos considerados essenciais ao ato educativo. O êxito, até então profundamente atrelado à personalidade e conduta docentes, desvincula-se do professor e passa a habitar o território do método. Carvalho (2000) percebe, como efeito da pretensão de proposição de uma "pedagogia científica", um movimento de *autonomização dos métodos de ensino*. "No campo da pedagogia entendida como arte de ensinar, o método não era dissociável da prática, das artes de fazer" (Carvalho, 2000: 113), condição já não mais sustentada na lógica de uma *pedagogia científica*. Assim, ao tornar-se autônomo, universal, independente dos sujeitos, das contingências e da *práxis*, o método passa a ser percebido como elemento essencial a um ensino bem-sucedido, ocupando lugar central no ato educativo. Restava então à pedagogia acompanhar e apoiar, de forma cientificamente esclarecida, as mudanças que inevitavelmente aconteciam na sociedade (Gauchet, Blais e Ottavi, 2013).

Sobre esse cenário que se desenhava, Azanha, no final da década de 1980, assinala a existência no discurso pedagógico do que seria uma espécie de *ilusão educacional*; ilusão ainda hoje profundamente enraizada em nosso imaginário pedagógico. De acordo com o autor (1987: 73), o antigo sonho de Comênio segundo o qual seria possível "formular um método de ensino, universal ou geral, cuja aplicação garanta o êxito, isto é, conduza à aprendizagem visada", e também suas variantes históricas e atuais, repousam numa *ilusão*: "a de que a atividade de ensinar, no seu sentido amplo, possa ser exaustivamente regulada" (Azanha, 1987: 76). Dizer que uma atividade possa ser exaustivamente regulada significa "dizer que é possível, com relação a ela, explicitar um conjunto tal de regras que se forem obedecidas, a atividade se completa com êxito" (1987: 76).

No caso da educação, o conjunto de regras de que fala Azanha (1987) refere-se a um objeto para o qual é dirigida, frequentemente, grande parte dos esforços pedagógicos: o método de ensino. Expressões como "'seguir um método', 'obedecer a um método', 'aplicar um método' e outras equivalentes implicam a disponibilidade de um conjunto de regras para fazer algo. No caso do ensino, aplicar um método é, então, executar a atividade de ensinar segundo certas regras" (1987: 73). O sonho de ter sob controle aquilo que se transmite ao educar um alguém parece sofisticar-se diariamente, sob roupagens que se revelam a cada dia mais modernas, tecnológicas e objetivas.

À luz dos escritos de psicanálise, Lajonquière (2009) examina em seus trabalhos o modo como as ilusões educativas operam no imaginário social e estão articuladas com as crenças e os desejos que animam os sonhos pedagógicos de uma sociedade em uma dada época. O conceito de ilusão mobilizado pelo autor fundamenta-se nas proposições freudianas, segundo as quais, de maneira sucinta, uma ilusão trata-se de uma crença animada por um desejo. Acrescentando camadas à ideia comumente compartilhada acerca do seu significado, Freud (2014: 267) elucida que "uma ilusão não é idêntica a um erro, tampouco é necessariamente um erro". De acordo com o autor, não são elas, também, precipitados da experiência ou resultados finais do pensamento, mas as "realizações dos mais antigos, mais fortes e prementes desejos da humanidade; o segredo de sua força é a força desses desejos" (2014: 266).

É característico da ilusão, reitera Freud (2014: 268), "o fato de derivar de desejos humanos; [...] chamamos uma crença de ilusão quando em sua motivação prevalece a realização de desejo, e nisso não consideramos seus laços com a realidade, assim como a própria ilusão dispensa a comprovação". Uma vez que se trata, sobretudo, da relação de uma crença com o desejo, a veracidade ou exequibilidade de uma ilusão são aspectos de reduzida importância – condição que não se aplica, por sua vez, aos seus efeitos.

No final da década de 1990, Lajonquière (2009, 2019, 2020) assinala a existência do que nomeou como *ilusão de adequação*; ilusão essa que parece criar suas raízes no solo já preparado pela ilusão da exaustividade do método. A *ilusão de adequação* sustenta a crença de que, dentre os inúmeros métodos de ensino desenvolvidos, há aqueles mais eficientes do que outros em termos da melhoria do processo de aprendizagem. Tal eficiência dá-se em função da sua suposta adequação ao momento psicomaturacional do aluno, isto é, àquilo que a criança supostamente necessita no preciso ponto do desenvolvimento em que se encontra.

Essas ponderações iniciais parecem desenhar um cenário no qual a educação, ao articular-se a partir da centralidade e autonomia do método, é sistematicamente reduzida a uma relação de necessidades e seus respectivos meios adequados de satisfação ou, ainda, a uma lógica de meios e fins. Pergunto, então: que lugar esse modo de conceber o ensino reserva ao professor? O que caberia a ele no exercício de seu ofício?

A figura docente no ensino tecnicizado

Apesar do deslocamento operado entre os séculos XIX e XX nos discursos e nos imaginários pedagógicos, bem como nos impressos escolares sobre a forma de se conceber o ensino, ora como arte prática, ora como um saber científico, observa-se que em ambas as concepções figura no horizonte pedagógico a pressuposição da existência de um modelo, um *ideal docente*, materializado e instituído nos manuais pedagógicos e em diversos outros suportes e mecanismos envolvidos nas relações escolares.

Ocorre, no entanto, nesse deslocamento, algo fundamental à reflexão aqui proposta. A migração do *ideal docente* para o solo de uma pedagogia pretendida como *científica* impõe importantes mudanças ao ofício do professor. Além de recortar os limites do *ideal* com assertividade e precisão muito maiores e reduzi-lo à dimensão metodológica do ensino, a afirmação do ensino como saber científico pressupõe o *ideal, o modelo estabelecido* como algo generalizável e passível de ser alcançado, desde que o professor disponha dos recursos adequados e os aplique corretamente em sua prática.

Para isso, são largamente oferecidos cursos de formação docente que visam *munir* o professor daquilo que a passagem do tempo diariamente lhe furtaria. Grande parte dos cursos e materiais de formação são veiculados sob *slogans* que caminham no seguinte sentido: *temas que contribuirão para um ensino mais conectado às demandas do mundo contemporâneo*, ou ainda, *assim como as grandes corporações começaram a repensar suas atividades, na sala de aula não poderia ser diferente. Para ensinar uma geração conectada e que vive em constante transformação, o professor também deve buscar constante atualização.*[8] Em tais cursos, o professor é apresentado a novos métodos e técnicas para a *facilitação*, *maximização* e *potencialização* do ensino e do aprendizado – termos utilizados em suas ementas. É fundamental, alega-se, que o professor conheça e domine técnicas precisas sobre *como* fazer, *como* desenvolver, *como* discutir, *como* identificar, *como* reconhecer, *como* aplicar, recortando com precisão os limites do *ideal fazer docente*. Há, ainda, cursos destinados de forma específica aos modos adequados de *ser docente*, nos quais são tratados aspectos referentes ao controle emocional do professor, às formas corretas de comunicação com os alunos ou ao trato ideal com os colegas de profissão.

É a partir de semelhante contexto que Jan Masschelein e Maarten Simons (2018), na obra *Em defesa da escola: uma questão pública*, identificam o que seriam táticas para *domar* o professor. São táticas de *profissionalização* e *flexibilização* que visam neutralizar e controlar o potencial distinto e radical que se aninha na atividade docente como ofício conduzido dentro de uma escola: "um lugar público onde algo pode acontecer (e não apenas algo pode ser aprendido)" (2018: 137). As táticas direcionadas aos docentes inserem-se no movimento mais amplo, assinalado pelos autores, de domar a própria escola, isto é, "de governar seu caráter democrático, público e renovador" (Masschelein e Simons, 2018: 105). Movimento esse que parece se orientar à transfiguração da escola – como tempo livre, como espaço e tempo de suspensão da ordem produtiva[9] – em uma instituição de ordens distintas, quais sejam: "escola como a família estendida, escola produtiva, aristocrática ou meritocrática" (2018: 28).

Dentre as *táticas para domar o professor*, Masschelein e Simons (2018) identificam a princípio o processo de *profissionalização docente*. Os autores consideram uma primeira variante dessa tática o movimento de substituição do saber da experiência do professor pela ideia de especialização ou competência (movimento semelhante àquele anteriormente descrito que fez migrar o ensino do lugar de uma *arte prática* para o de uma *ciência*). De acordo com Masschelein e Simons (2018: 137), a figura abstrata do professor que habita os sonhos do discurso de profissionalização docente é aquela cuja especialização se baseia em um conhecimento validado e confiável: "alguém que age 'metodologicamente' e, supostamente, a partir de uma docência 'baseada em evidências'". A ação desse professor segue no sentido de atingir determinadas metas capazes de produzir, por sua vez, resultados de aprendizagem específicos. Nessa lógica, a pedagogia deve despir-se de toda nuance que a aproxime de uma prática relacionada à experiência e ao "bom senso" daquele que ensina, aspectos hoje deslegitimados e substituídos pela ideia de inovação (Gauchet, Blais e Ottavi, 2013: 102).

> A realização do objetivo, os ganhos de aprendizagem e as margens de crescimento tornam-se, assim, os termos básicos profissionais do professor nos moldes de um ideal (tecno-) científico: a profissionalização como um caminho para o progresso através da aplicação de ciência e tecnologia. (Masschelein e Simons, 2018: 138)

Dentre as diversas implicações desse discurso ao ofício docente, os autores (2018) destacam aquela relacionada ao caráter *amateur* da docência, ao entendimento do professor como alguém que age por amor ao mundo e à próxima geração, como alguém que "representa o mundo, a tarefa ou o assunto [...], torna-os presentes e, assim, torna-os públicos em relação à nova geração" (2018: 135). Qualquer traço de *amateurismo*, no discurso de tecnicização do ensino, aparece "como a condição estafada do professor preso em um mundo privado de ignorância autoconfiante, palpites subjetivos, percepções e desentendimentos persistentes" (2018: 138).

Uma segunda variante da tática de *profissionalização docente* diz respeito à tradução da experiência do professor em termos de "competências", isto é, "como (supostos) conhecimentos, habilidades e atitudes que podem ser empregados para realizar tarefas concretas" (2018: 140). O professor passa a ser avaliado por critérios técnicos de eficiência e eficácia. As *competências*, observam os autores, passam a ser a tradução de todos os elementos necessários em determinado ambiente de trabalho – nesse caso, a escola.

> O professor profissional, em outras palavras, é o professor competente e, mais especificamente, o professor cujas competências são empregáveis no ambiente de trabalho real. Um perfil profissional, portanto, funciona como um instrumento para avaliar, ajustar e desenvolver o profissionalismo do professor, por um lado e, por outro, como o ponto de partida para determinar as competências básicas (na forma de resultados de aprendizagem finais) esperadas de jovens professores recém-saídos da formação de professores. (Masschelein e Simons, 2018: 140)

A terceira variante da *profissionalização docente* opera por meio do que os autores se referem como uma *pressão da responsabilidade* – mas note-se que se trata de um tipo bastante específico de responsabilidade. O professor ou profissional competente, apontam Masschelein e Simons (2018), transforma-se em um sujeito que está a serviço de algo ou alguém e é sempre guiado por uma *demanda*. A centralidade dessa demanda pode ser colocada sobre o aluno, sobre o mercado de trabalho ou, ainda, sobre objetivos impostos pelo governo em nome das expectativas sociais. Ao inserir-se em uma lógica de trabalho orientada por demandas, "uma cultura de prestação de contas é criada: uma capacidade, uma necessidade e, especialmente, um desejo de se manter responsável por indicadores de qualidade predefinidos (as necessidades dos alunos, a satisfação, metas e ganhos, indicadores de desempenho, etc.)" (2018: 142).

Além de sustentar uma ilusão de controle sobre o ensino e a aprendizagem, o padrão de pensamento em torno do profissionalismo e da garantia de qualidade exige que o professor oriente e justifique a sua prática com base em resultados, crescimento e lucro

(Masschelein e Simons, 2018). Tal perspectiva esvazia sistematicamente a autoridade do professor como representante de um legado de realizações simbólicas e, por conseguinte, a sua responsabilidade em compartilhá-lo com os alunos. A ação docente orientada pelo questionamento *em nome de que(m)* o professor ensina é, nessa lógica, transformada em *para que* o professor ensina. Assim, "o seu *amateurismo*, que assume a forma de certa personificação e dedicação à causa, é visto como ridículo e não profissional" (Masschelein e Simons, 2018: 144).

Nesse contexto, os autores (2018: 145) observam que a *responsabilidade pedagógica* é substituída por sua *versão domada*, qual seja, a da capacidade de resposta tendo em vista a prestação de contas. A primeira desaparece quando passa a ser entendida em termos de justificar resultados e retornos. A responsabilidade pedagógica, ponderam Masschelein e Simons (2018: 145),

> se refere à (difícil de medir) doação de autoridade para as coisas e para a formação de interesse. Isso vai além de simplesmente ajudar os alunos a desenvolver talentos (ou capacidade de aprendizagem) ou manter o currículo. Trata-se de abrir novos mundos (e, assim, puxar os alunos para fora de suas necessidades e do mundo da vida imediatos) e formar o interesse.

O desaparecimento da *responsabilidade pedagógica* – em razão de uma pressão crescente da prestação de contas – implica o abandono do "amor e [d]o interesse pelo mundo (o amor pela causa como a causa) e pelos alunos" (2018: 14). O professor vê-se então sob o risco de transformar-se em um sujeito que "já não partilha o mundo com os jovens e já não pode mais cuidar de si mesmo, ou seja, *um professor que deixa, absolutamente, de ser um professor*" (Masschelein e Simons, 2018: 146; grifos nossos).

Submetidos a essa lógica, Pirone e Weber (2020) observam ser bastante frequente entre os professores uma condição nomeada por eles como um *estado de fadiga* [*état de fatigue*]. Essa condição docente é geralmente acompanhada de queixas em que os professores afirmam não saber mais como fazer ou gerir tudo aquilo que lhes é solicitado. Esse estado de dúvida, contudo, não diz respeito à *falta* da qual nos fala a psicanálise, inerente à condição humana, à liberdade, ao sujeito do desejo implicado em relações sempre desproporcionadas que, justamente, nos colocam em movimento. Tampouco relaciona-se ao reconhecimento da sujeição do professor à impossibilidade de saber de antemão as consequências ou efeitos de todo ato educativo.

Trata-se, antes, da dúvida de um sujeito que, em decorrência da crença na completude e na objetividade do ensinar, enraizada no solo do método e da técnica, revela-se sempre aquém, insuficiente e incapaz, carente de algo que, de forma efetiva, o habilite à docência. Diante de um grande volume de demandas, estruturadas em torno da lógica do desempenho e do "tudo é possível" [*le tout possible*], o professor vê-se "preso em um estado de frustração permanente, e às vezes não encontra outras soluções além de desistir (de si)" (Pirone e Weber, 2020: 149, tradução nossa). Isso porque o discurso de tecnicização do ensino ignora que o ideal por ele visado, recortado com precisão por táticas como as examinadas por Masschelein e Simons (2018), resulta de uma articulação de ideias abstratas sobre as distintas relações e sujeitos escolares. Enraizado em uma noção igualmente "vaga e impressionista de escola" (Azanha, 2004: 369), ignora-se que o perfil profissional do professor, detentor de determinadas competências cognitivas e docentes, não passa de um "retrato imaginado" do que seria o professor universal (Azanha, 2004). Mesmo que some inúmeras capacidades pedagógicas e acumule uma expressiva quantidade de cursos, um professor não será jamais capaz de corresponder a uma *figura imaginária, abstrata e universal*. Em meio a essas condições como o professor poderia, então, exercer o seu ofício?

O exercício de um ofício irrealizável

Freud (1996), ao assinalar a impossibilidade do educar, da política e do processo de cura analítica, não pretendia condená-los a uma posição de *ofícios irrealizáveis*. A impossibilidade que anunciava refere-se ao fato de que aquilo que se atinge ao final das atividades conduzidas nesses ofícios jamais reitera ou coincide com o ponto de partida, isto é, com aquilo que se almejava no início. São impossíveis, pois não há justa medida para operá-los: é impossível controlar os efeitos da palavra endereçada a um outro sujeito. Parece-me não se tratar de uma coincidência o fato de a educação figurar dentre essas três profissões e ser ela o alvo constante de uma imensa quantidade de debates que buscam encontrar a solução justa e a resposta definitiva aos chamados *impasses educativos* – que insistem em se deslocar.

Testemunhamos hoje em nossa sociedade a manutenção de um ideário pedagógico no qual a educação como *ofício impossível* é sistematicamente transformada em um *ofício irrealizável*. E isso afirmo em razão da presença de um discurso educacional que, diariamente, visa suprimir da educação a indeterminação e a fragilidade, inerentes ao laço educativo. "O que parece caracterizar a nossa época pedagógica é uma forma de discurso científico com tendência totalitarista, que se reivindica como único e como portador de verdades incontestáveis, posto que *evidence based*" (Pirone e Weber, 2020: 150; tradução nossa). Ao basear as suas premissas e prescrições em "evidências", o discurso educacional estrutura-se como um sistema fechado que visa suprimir do laço educativo justamente a sua impossibilidade. Suprimir o impossível significaria aqui, precisamente, suprimir os sujeitos do laço educativo.

Essa transformação da educação em um ofício irrealizável parece operar a partir de dois movimentos principais. O primeiro deles estrutura-se em torno da interpretação da impossibilidade da educação como um fracasso. Isto é, o discurso de tecnicização do ensino concebe determinados aspectos do laço educativo – a sua indeterminação, a falta de proporção, a fragilidade – como sinônimos de mau funcionamento, inaptidão, doença, incompetência docente ou discente. Desse movimento depreende-se, por sua vez, a crença na possibilidade de que o real seja *suturado* ao ideal, de modo que o "resto de insatisfação embutido em toda empresa deixe de emergir como a inevitável diferença entre o pretendido pelos adultos e o conseguido pelas crianças" (Lajonquière, 1998a: 93).

Advogando-se a possibilidade de que o ato educativo corresponda, em justa medida, às prescrições e percursos externa e previamente definidos, resta ao professor a correta aplicação do método adequado. As ilusões educativas – como aquelas da exaustividade do método e da adequação – miram precisamente "o desaparecimento da distância entre um aluno real e a criança ideal" (Lajonquière, 2009: 93), bem como entre um professor real e um professor ideal – aquele (abstratamente) capaz de personificar, executar e garantir com precisão os resultados de uma prescrição metodológica. Nesse contexto, a educação passa a articular-se sistematicamente "em torno da tentativa de vir a apagar a diferença que habita no campo subjetivo" (Lajonquière, 2009: 93); isto é, articula-se em torno da recusa do desejo e do impossível.

Ocorre que essa tentativa de *tornar coincidentes a prescrição e a ação* estará sempre fadada a fracassar, visto que tem origem "de uma tão nova como louca exigência educativa, bem como da rejeição da impossibilidade radical de vir, precisamente, a atingi-la" (Lajonquière, 2009: 95). Logo, a queixa insistente a propósito da educação e dos professores, afirma Lajonquière (2009: 18), "é uma derivação necessária do caráter impossível da tese da adequação natural, entre a intervenção educativa e os estados espirituais infantis", bem como da atual crença na possibilidade de atingirmos de forma absoluta os *ideais educativos* erigidos sobre a lógica tecnocientífica. Nenhum sonho, nos diz Lajonquière (2019: 307), "se confunde com a realidade de todos os dias. A esta, sempre falta mais ou menos um pouco para ser de fato o ideal".

Em um segundo movimento, após transformar a impossibilidade em fracasso, o discurso educacional oferece a tão sonhada solução: a tecnicização do ensino – operação supostamente capaz de suprimir do educar o impossível, a falta de proporção, a indeterminação. O sucesso de tal empreitada, todavia, depende da correta implementação de uma série de processos e exigências, como aquelas de *padronização, flexibilização* e *profissionalização do professor* (Masschelein e Simons, 2018). Ao tornar-se uma *figura profissional, padronizada* e, sobretudo, *flexível*, o professor pode então ser encaixado "dentro de uma estrutura padronizada que permita empregabilidade e mobilidade; uma estrutura em que tudo e todos são intercambiáveis e intercomunicados, tem a mesma unidade de medida e usa a mesma linguagem" (2018: 150). Ocorre que é justamente naquilo que *diferencia* cada um dos professores – aspecto apagado nesse processo – que podemos vislumbrar a dimensão *amateur* do professor, dimensão que revela a sua implicação, enraizamento e desvelo pelo mundo e pelas novas gerações.

> Cada professor, individualmente, não é uma variante que pode ser situada dentro de um perfil singular ou de uma estrutura padronizada. O professor amoroso, por assim dizer, é a personificação de somente um padrão individual; ele busca encontrar equilíbrio no que faz e na posição que assume em relação a si mesmo, à matéria e aos seus alunos. Forçar tudo isso para caber dentro de uma estrutura padrão mensurável, francamente, *usurpa a alma de um professor*. E mesmo se essa é a intenção, tal usurpação, certamente, *não é uma coisa boa para o professor*. (Masschelein e Simons, 2018: 150-151; grifos nossos)

A tecnicização do ensino vende a ilusão da completude, como se fosse possível ao sujeito livrar-se do *mal-estar*, do fardo, do risco, do preço cobrado pelo viver juntos enquanto seres marcados pela pluralidade; pluralidade essa que sempre deixa espaços entre nós – restos e faltas. Uma vez que "homens, e não o Homem, vivem na Terra e habitam o mundo" (Arendt, 2015: 9), somos continuamente convocados a fazer face à desproporção, ao irremediável desencontro com o outro.

Como em uma tentativa de "saltar a própria sombra", o discurso de tecnicização do ensino convence os sujeitos de que a ação pode atingir alvo preciso e que ao final do processo tudo sairá como planejado. Esquecem de dizer que para isso devem tornar-se supérfluos os sujeitos. Esquecem de dizer que o remédio para suprimir o impossível da ação e da enunciação é o mesmo usado para desvanecer a *potência humana*. A tecnicização do ensino prevê a renúncia à ação e o apagamento da enunciação "que é a propriedade mais específica do que é um sujeito" (Lebrun, 2004: 66). Para que o ensino tecnicizado funcione, toda diferença deve ser suturada, toda falta ou desproporção deve ser eliminada, ou seja, o próprio sujeito deve ser suprimido.

Isso posto, reiteramos que, para além da necessidade imperativa de a educação e o ofício docente disporem de boas estruturas e recursos à sua realização, faz-se também necessário que no imaginário de uma sociedade, na teia discursiva na qual se insere a educação, sejam sustentadas condições de possibilidade no que concerne à dignidade do ofício docente e, sobretudo, à dignidade da própria educação. Isto é, que no conjunto de significações socialmente compartilhadas haja condições para que o sentido e a autoridade dessas experiências – aquilo que as autoriza à ação e à enunciação – não sejam furtados de sua própria realização e existência, que não estejam situados fora delas, em fins que alienam e esvaziam sua razão de ser, resultando, como discorremos, em uma

O sofrimento docente no viver junto aos outros

condição de profunda precariedade simbólica do ofício docente, bem como da própria educação.

A partir das reflexões aqui desenvolvidas, afirmamos não serem os professores, as metodologias e os cursos de formação que parecem necessitar de renovação e atualização, mas, antes, aquilo que anima a educação, que a põe em movimento. Precisamos de novos (ou mesmo velhos) princípios que sustentem e tornem possível aos sujeitos escolares a *ação*, com todas as suas incertezas e fragilidades; princípios que acolham e reconheçam o *impossível* como estrutural e desejável à educação. Desejável, pois é justamente a partir da impossibilidade de controle dos efeitos educativos que se instala o imponderável, o imprevisto, isto é, a potência do ato educativo.

O impossível sonho da fabricação: a docência ameaçada pelo ninguém

Tomo o meu café com pão dormido, que não é tão ruim assim.
E enquanto tomo café vou me lembrando
de um homem modesto que conheci antigamente.
Quando vinha deixar o pão à porta do apartamento
ele apertava a campainha, mas,
para não incomodar os moradores, avisava gritando:
— Não é ninguém, é o padeiro!
Interroguei-o uma vez: como tivera a ideia de gritar aquilo?
"Então você não é ninguém?"
Ele abriu um sorriso largo.
Explicou que aprendera aquilo de ouvido.
Muitas vezes lhe acontecera bater a campainha de uma casa
e ser atendido por uma empregada ou outra pessoa qualquer,
e ouvir uma voz que vinha lá de dentro perguntando quem era;
e ouvir a pessoa que o atendera dizer para dentro:
"não é ninguém, não, senhora, é o padeiro".
Assim ficara sabendo que não era ninguém…
Ele me contou isso sem mágoa nenhuma,
e se despediu ainda sorrindo.
[...]

(Trecho de "O padeiro", de Rubem Braga)

NÃO É NINGUÉM, É O PROFESSOR!

Como tivera a ideia de gritar que não era ninguém? Diante de uma figura aparentemente sem contornos, pergunto-me a respeito das relações e dos elementos mobilizados em seu aparecimento. É tal figura capaz de produzir e deixar estórias[10] [*stories*] atrás de si? A cena narrada em "O padeiro" instiga a reflexão a respeito dos traços difusos e imprecisos do *ninguém* e como esse aparente *não personagem* participa de um acontecimento humano. Para isso, buscarei pensá-lo inicialmente a partir do que ele não é, concebendo-o em oposição ao conceito de um *alguém*.

Diferentemente de explicitar *o que* alguém é – ou seja, características que compartilha com outros, como sua profissão, nacionalidade etc. –, a pergunta sobre *quem alguém é* volta-se para a unicidade de cada ser humano. *Quem alguém é*, propõe Arendt (2015), revela-se por meio de atos e palavras, feitos e proferidas em um mundo comum. Radicados no solo da unicidade e da singularidade, os atos e as palavras permitem a um agente revelar ativamente a sua identidade pessoal também única e singular. Nessa revelação, a um rosto com características compartilhadas por tantos outros que lhe são semelhantes, adicionam-se feições distintivas. "Desse alguém que é único pode-se dizer verdadeiramente que antes dele não havia ninguém" (Arendt, 2015: 220).

A ação e o discurso, assinala Arendt, estão sempre intimamente ligados, visto que a revelação de um *alguém*, a resposta à pergunta sobre *quem alguém é* "está implícita tanto em suas palavras quanto em seus feitos" (2015: 221). Essa vinculação é de tal forma constitutiva que, segundo a autora, "desacompanhada do discurso, a ação perderia não só o seu caráter revelador, como, e pelo mesmo motivo, o seu sujeito" (2015: 221). Sem o discurso,

> em lugar de homens que agem teríamos robôs executores a rea-
> lizar coisas que permaneceriam humanamente incompreensíveis.
> A ação muda deixaria de ser ação, pois não haveria mais um ator;
> e o ator, realizador de feitos, só é possível se for, ao mesmo tempo,
> o pronunciador de palavras. A ação que ele inicia é humanamen-
> te revelada pela palavra, e embora seu ato possa ser percebido
> em seu aparecimento físico bruto, sem acompanhamento verbal,
> só se torna relevante por meio da palavra falada na qual ele se
> identifica como o ator, anuncia o que faz, fez e pretende fazer.
> (Arendt, 2015: 221)

A ação e o discurso de um alguém eclodem no mundo como novos fios que são imediatamente integrados à teia de relações humanas existente onde quer que os homens vivam juntos. Os novos fios a ela adicionados passam invariavelmente a interferir – direta ou indiretamente – naqueles que ali já estavam. Em maior ou menor medida, a história humana muda o seu rumo, acrescentam-se novas passagens ao grande livro de estórias da humanidade [*storybook*] (Arendt, 2015). As implicações da existência de uma *teia de relações* em que são incluídos novos fios à medida que agimos e falamos não se reduzem, todavia, à integração e à interferência de um alguém no vasto legado de feitos e palavras humanas. A existência de tal teia implica que as consequências ou os efeitos de nossos atos são sempre ilimitados e imprevisíveis:

> toda ação deflagra não apenas uma reação, mas uma reação em ca-
> deia, e todo processo é causa de novos processos imprevisíveis. Esta
> ilimitabilidade é inevitável; não poderia ser remediada restringindo
> nossas ações a um quadro limitado, palpável, de circunstâncias,
> ou armazenando todo o material pertinente em computadores gi-
> gantes. O menor ato, nas mais limitadas circunstâncias, porta o
> gérmen da mesma ilimitabilidade e imprevisibilidade; um ato, um
> gesto ou uma palavra podem ser suficientes para mudar qualquer
> constelação. (Arendt, 2005: 192-193)

E é justamente esse movimento que ocorre com as estórias, com aquilo que um alguém deixa atrás de si: a estória singular, produzida por um alguém que age e fala em um mundo humano, afeta de modo também singular "as estórias de vida de todos aqueles com quem ele entra em contato" (Arendt, 2015: 228).

Essas ponderações iniciais acerca do *alguém* e de sua vinculação radical com a ação suscitam reflexões a respeito do que poderia ter inspirado ao padeiro a ideia de gritar que não era ninguém. O que essa *ninguém-dade* [*nobody-ness*][11] diz sobre ele e sobre a sua ida à porta? Antes de ser uma figura a quem é possível atribuir contornos nítidos, o ninguém parece consistir em uma versão espoliada de um alguém: um sujeito despojado daquilo que essencialmente o distingue como humano. O padeiro de Rubem Braga, sob a luz dos escritos de Arendt, abre o presente capítulo trazendo à cena uma figura fundamental à reflexão que aqui tenho tecido sobre a atual condição docente em nossa sociedade. Parece ser justamente o ninguém, como veremos, a *figura sem contornos* que emerge do processo de precarização simbólica do ofício docente, bem como aquela visada pelo discurso educacional.

O ninguém, proponho, é a figura que em determinada situação reduz a sua presença e o seu aparecimento a uma finalidade específica, a uma função previamente estabelecida. Nada se espera dele, nada além do previsto, daquilo que consta no *contrato*. Sabe-se de antemão a razão precisa pela qual e para a qual ele ali está, seja para apertar botões, entregar um pão ou, na lógica que aqui examinamos, para ensinar – quando reduzido a uma atividade impessoal. Sua figura e o seu aparecimento não são levados em conta na sucessão de cenas que compõem a grande obra em que ele se insere.

Na narrativa que hoje se difunde sobre o ensino, na qual a pessoalidade é substituída pela tecnicidade, a figura do professor frequentemente não consta dentre os personagens, assim como o padeiro que *para não incomodar os moradores* diz não ser ninguém. Um alguém ali atrapalharia, embaralharia o esperado, escaparia ao contratado e ao planejado: um alguém possivelmente entraria para tomar um café, para narrar um fato que presenciara ou ainda para contar uma anedota sobre o conteúdo da sua entrega. Um ninguém, todavia, deve ali se fazer presente apenas para que a máquina não deixe de funcionar, para que o conteúdo (ou o pão) não deixe de ser entregue.

Àquilo operado por um *ninguém*, ao que seria uma espécie de enclausuramento da ação, Arendt (2015) nomeia *comportamento*, por contraste à pessoalidade da ação. A autora discorre sobre esse conceito ao examinar o que seria o modo de funcionamento da sociedade de massas – e de modo mais específico da sociedade de empregados –, onde é requerido de seus membros um funcionamento puramente automático,

> como se a vida individual realmente houvesse sido submersa no processo vital global da espécie e a única decisão ativa exigida do indivíduo fosse deixar-se levar, por assim dizer, abandonar a sua individualidade, as dores e as penas de viver ainda sentidas individualmente, e aquiescer a um tipo funcional, entorpecido e "tranquilizado" de comportamento. (Arendt, 2015: 401)

A manutenção de um *tipo funcional, entorpecido e tranquilizado de comportamento* parece corresponder justamente àquele necessário à adaptação dos sujeitos às condições de vida em um mundo que vê, a cada dia, o deserto avançar. O *comportamento* é elemento central do processo de desarraigamento e superfluidade humana no qual o mundo comum tende a desaparecer. "Não ter raízes significa não ter no mundo um lugar reconhecido e garantido pelos outros; ser supérfluo significa não pertencer ao mundo de forma alguma" (Arendt, 2012: 634).

Segundo Arendt (2015), a pretensão de que os sujeitos se comportem de determinada forma verifica-se por meio da imposição de "inúmeras e variadas regras, todas elas tendentes a 'normalizar' os seus membros" (2015: 50). E neste ponto é possível identificar importantes ressonâncias entre a tendência de normalização assinalada por Arendt (2015) e as estratégias para domar o professor propostas por Masschelein e Simons (2018): as ideias de profissionalização e flexibilização docente parecem ser apenas versões mais sofisticadas – e sobretudo comerciais e rentáveis – da ideia de *normalização*. Nessas estratégias visa-se um processo no qual não haja fios que se soltem pela ação de um alguém, tampouco imprevistos que exijam um novo cálculo de rota ou impliquem um atraso nas entregas. O sistema (de ensino ou outro qualquer) busca tornar-se imune aos sujeitos no momento em que ele os toma como supérfluos.

O comportamento enclausura a ação – e também a enunciação – ao furtar-lhe a espontaneidade, a liberdade, a façanha extraordinária que sempre comporta (Arendt, 2015). Operando de tal modo, ele priva o sujeito – que então se transfigura em um ninguém – de sua revelação no mundo de modo único e singular. Resta-lhe apenas um rosto com características compartilhadas por tantos outros que lhe são semelhantes. A partir dessa perspectiva parece-me possível afirmar, portanto, que um ninguém é um sujeito que se comporta em lugar de agir e que reduz a sua enunciação a uma mera comunicação desprovida das raízes que o pensamento – uma reflexão ajuizante da experiência cotidiana – poderia lhe conferir. Aquilo que um ninguém faz e profere é apenas um *meio* para determinado *fim*. Trata-se, aqui, de uma distinção analítica e não ontológica, já que se manifesta em condições específicas, que não impedem que o *alguém* venha a se manifestar em outras circunstâncias.

> Sem o desvelamento do agente no ato, a ação perde seu caráter específico e torna-se um feito como outro qualquer. Na verdade, passa a ser apenas um meio de atingir um fim, tal como a fabricação é um meio de produzir um objeto. [...] o discurso transforma-se, de fato, em "mera conversa", apenas mais um meio de alcançar um fim, [...] nesse caso, *as palavras nada revelam.* (Arendt, 2015: 223; grifos nossos)

Articulando essas reflexões à luz dos escritos da psicanálise poderíamos acrescentar ainda que a *palavra*, sob a lógica da "ninguémdade" [*nobody-ness*], torna-se uma *fala* desprovida da condição que a distingue como humana: a condição de *endereçamento* (Lajonquière, 2021). A palavra endereçada, a palavra de um *alguém*, em oposição aos enunciados vazios e anônimos, carrega uma marca singular de pertencimento a uma estória, a uma tradição e, como tal, "carrega em si mesma uma dose de existência, uma cota de saber fazer com a vida, ou seja, um *savoir vivre* ou saber existencial que não se reduz ao conhecimento sobre nenhum dos mundos possíveis – aqueles das letras, dos números etc." (Lajonquière, 2014: 50). Na palavra endereçada está embutida a marca de origem de seu remetente, isto é, *quem ele é e qual é a sua estória junto aos outros*. A palavra endereçada diz (do mundo) de onde veio e em nome de que(m) foi endereçada (Fanizzi e Lajonquière, 2023). A palavra endereçada supõe um sujeito, um alguém, em seu destinatário.

Operando desse modo, a palavra endereçada, propõe Lajonquière (2021), é privativa àqueles em condição humana, os "únicos seres capazes de dar a palavra e de cobrá-la de um outro 'parlêtre', conforme o neologismo lacaniano. [...] Esse endereçamento pressupõe o sujeito, assim como implica todo e qualquer sujeito humano" (2021: 18-19). Implicação essa, assinala o autor, traduzida no fato de que "de nossa posição de sujeito somos sempre responsáveis" (Lacan, apud Lajonquière, 2021: 19).

Em movimento contrário, o comportamento – e as deformações que impõe à ação e à enunciação – cria desertos, deixa os fios da teia de relações humanas perecerem à ruína do tempo, posto que se trata de uma atitude de renúncia à sua tessitura. Ao comportar-se, o sujeito retira-se da cena humana e assume uma posição de indiferença e alienação com relação ao mundo e à própria humanidade. Torna-se uma figura desarraigada e supérflua, visto que declina do usufruto de um lugar singular no curso da história humana.

* * *

Para encerrarmos esta primeira seção, parece-me relevante acrescentar ainda um aspecto sutil, mas fundamental ao exame da distinção entre ação e comportamento. Apesar da importância radical da ação para a existência humana, seria ilusória a consideração de que os humanos agem o tempo todo. A despeito do modo singular como cada pessoa pode realizar determinada atividade, há uma grande quantidade delas – sobretudo aquelas essencialmente técnicas, burocráticas ou laborais – cuja realização se restringe à execução de certo conjunto de regras e operações. Elas não nos convocam à ação, mas justamente ao comportamento. E essas situações não se somam ou dizem respeito ao processo de desarraigamento e superfluidade humana que temos examinado; note-se que o padeiro, naquela atividade pontual e específica de entrega dos pães, contava sobre a sua *"ninguém-dade" sem mágoa nenhuma, e se despedia sorrindo*. O padeiro, da mesma forma que o professor ou qualquer outra pessoa, comporta-se e comunica-se e, por vezes, *age* e *fala*. Ser alguém não é uma condição estável e adquirida, não é uma identidade fixa e conquistada; revelamo-nos como alguém de modo sempre fugaz e irruptivo, revelamo-nos como alguém no justo instante de um ato ou uma palavra que afirma a unicidade do sujeito. O problema se dá, por sua vez, na recorrente imposição do comportamento em substituição à ação, no espraiamento da lógica da fabricação em um contexto de produção fabril – que muito se aproxima do trabalho (labor) – às atividades próprias do domínio da ação, às relações políticas e intersubjetivas. O risco consiste no embaralhamento do *modus operandi* das atividades da *vita activa* – trabalho, obra e ação

(Arendt, 2015) –, bem como no desequilíbrio da incidência de cada uma delas na existência humana.

Parece ser justamente neste ponto, no espraiamento dos domínios de uma das atividades humanas sobre outra, em que se situa a questão central do problema aqui examinado: a lógica tecnicista que hoje rege a educação parece ignorar as fronteiras de cada uma das atividades que compõem o ofício de educar – no qual há trabalho, há obra e há também ação – e avança indiscriminadamente sobre todos os seus territórios. Ao propormos a vinculação do sofrimento docente com o processo de precarização simbólica do ofício docente, e neste ponto de modo mais específico com discurso de tecnicização do ensino, o fazemos em razão do modo pelo qual esse discurso se estrutura. Nele, a educação é compreendida como uma atividade semelhante àquela da produção fabril e, como tal, visa lhe impor – e aos sujeitos que a empreendem – a lógica própria à atividade fabricadora em sua modalidade industrial.[12]

Ocorre que a lógica fabril da produção em escala industrial não suporta a presença de agentes capazes de mudar, a cada instante, o rumo de sua produção. Para que atinja os fins previamente determinados é imperativo que os sujeitos envolvidos em seu processo se limitem ao comportamento. A docência torna-se, nessa lógica, um ofício supostamente passível de ser exercido por *qualquer um*, por um *ninguém*, como sonham aqueles que planejam os sistemas apostilados. Noutras palavras, visa-se transformar a docência em um ofício que prescinde da presença de um *alguém* capaz de propor o novo e o improvável, de *alguém* capaz de acolher e gerir o imprevisto. Ao ensino bastaria um bom conjunto de materiais e métodos e um aplicador apto que se *comporte adequadamente*. É, afinal, precisamente o comportamento uniforme, aquele "que se presta à determinação estatística e, portanto, à predição cientificamente correta" (Arendt, 2015: 53), atributos fundamentais ao discurso de tecnicização do ensino.

Habitando um ofício tornado simbolicamente precário e enredado por discursos e mecanismos que o compelem ao comportamento, o professor é transformado na figura abstrata do ninguém. É ele, assim, um não personagem na narrativa que se conta sobre o ensino, um não personagem em seu próprio ofício. Sua ação e sua enunciação são esvaziadas pela desvalorização, desautorização e deslegitimação do lugar do seu ofício no viver junto aos outros. E isso não se dá sem consequências, visto que uma pessoa que se lança a ensinar "não faz simplesmente alguma coisa, ela faz também alguma coisa de si mesma: sua identidade carrega as marcas de sua própria atividade e uma boa parte de sua existência é caracterizada por sua atuação profissional" (Tardif e Raymond, 2000: 210).

A LÓGICA FABRICADORA COMO RESPOSTA À FRAGILIDADE EDUCATIVA

> *É como se tivessem dito que bastaria que os homens*
> *renunciassem à sua capacidade para a ação –*
> *que é fútil, ilimitada e incerta com relação aos resultados –*
> *para que houvesse um remédio para a fragilidade*
> *dos assuntos humanos.*
>
> Hannah Arendt

A existência humana na Terra não seria possível apenas com o aparecimento fugaz e improdutivo da ação. As três principais atividades da *vita activa* examinadas por Arendt em sua obra *A condição humana* (2015) complementam-se e revestem-se de igual importância no movimento geral de conservação e renovação do mundo, da vida e da existência humana. Ocorre que cada uma delas guarda uma série de especificidades e, poderíamos mesmo dizer, incompatibilidades, de modo que a sobreposição dessas atividades ou a

O impossível sonho da fabricação

transposição do *modus operandi* de uma delas para outra não se faz sem importantes perdas e subversões às características que essencialmente as distinguem como *trabalho*, *obra* ou *ação*.

Antes de examinarmos de que modo a lógica do trabalho (*labor*) incorporada pela produção industrial parece ter hoje se espraiado sobre a educação e, de forma mais específica, sobre a atividade docente, vejamos brevemente alguns dos contornos que Arendt atribui à *obra* e ao processo por meio do qual ela é *fabricada*. Pensemos, primeiramente, nas distinções que Arendt (2015) propõe entre as atividades do *trabalho* e da *obra*, para em seguida examiná-la em relação à *ação*. Enquanto o *trabalho* é a atividade que corresponde ao processo biológico do corpo humano, a *obra* está relacionada à não naturalidade da existência humana e, desse modo, é liberada do sempre-recorrente ciclo vital ao qual o trabalho está condicionado. A obra, por meio da fabricação, proporciona a construção de um mundo "artificial" de coisas, um lar concreto para a vida humana capaz de a ela transcender e sobreviver. Ao produzir objetos de uso – e não de consumo, como o trabalho –, a obra dá ao mundo "a estabilidade e a solidez sem as quais não se poderia contar com ele para abrigar a criatura mortal e instável que é o homem" (Arendt, 2005: 183).

Outro aspecto essencial que a autora assinala ao distinguir essas atividades é o fato de que a fabricação tem sempre um começo definido e um fim previsível, qual seja, o objeto que se pretende ter em mãos ao final da atividade. "A durabilidade e a objetividade são o resultado da fabricação, a obra do *homo faber*, que consiste em uma reificação" (Arendt, 2005: 184). Já o trabalho, aprisionado no movimento cíclico das atividades vitais, "não tem, propriamente falando, nem um começo nem um fim – apenas pausas, intervalos entre a exaustão e a regeneração" (2005: 185). A atividade do trabalho nunca chega a um fim enquanto durar a vida, ela é infinitamente repetitiva.

Ora, tendo em conta algumas das principais características da atividade da obra – ela produz objetos de uso, tem um começo e um fim definidos, visa à durabilidade, à objetividade e orienta-se pela lógica dos meios e fins –, de que modo poderíamos justificar a afirmação acerca do movimento que busca reduzir a educação a uma atividade fabricadora marcada pelos processos automatizados do trabalho? A tentativa de aplicação da lógica da fabricação ao educar pode ser identificada em diferentes discursos, estratégias e mecanismos atualmente mobilizados em torno da educação; e esse processo, dentre diversos outros que visam despojá-la de seu sentido intrínseco, coloca hoje a escola e os seus sujeitos em um lugar no qual *precisam ser defendidos* (Masschelein, Simons e Larrosa, 2022). Isso porque o sucesso de tal empreitada significa a perda de elementos constitutivos da própria educação, como discorreremos a seguir.

A educação torna-se um meio. Observamos com frequência em nossa sociedade indicativos da pretensão de que a educação seja reduzida a um *meio* para atingir determinados *fins*. Tais *fins* são sustentados – por vezes de forma patente – nos mais distintos suportes materiais hoje produzidos para a educação. Seja em projetos de lei, cursos de atualização docente ou materiais didáticos, faz-se possível apreender certas concepções acerca do que seria o *papel da educação* em nossa sociedade: produzir bons resultados em avaliações internacionais, promover o desenvolvimento econômico e social, criar mão de obra qualificada, fabricar um novo futuro já cuidadosamente planejado, e o que mais puderem sonhar os discursos que compreendem a educação a partir do utilitarismo moderno.

Todas essas *finalidades*, entretanto, poderiam parecer bastante justificadas e positivas em relação à educação e à sociedade de maneira geral – como comumente acontece com as ideias advogadas pelo discurso de tecnicização do ensino. E isso, sobretudo, se ignoradas as especificidades daquilo que acontece dentro de uma instituição escolar –, algo que também comumente se verifica em tais discursos. Ocorre que a educação não pode ser apenas um meio para um fim que lhe é extrínseco; a educação, sustenta Carvalho (2017: 26), é, sobretudo,

> um elo entre o mundo, comum e público, e os novos que a ele chegam pela natalidade. Nesse sentido, o ensino e o aprendizado se justificam não exclusivamente por seu caráter funcional ou por sua aplicação imediata às demandas da vida, mas por sua capacidade de se constituir como uma experiência simbólica de relação com o mundo comum. Pensar a educação como uma experiência simbólica significa ultrapassar a dimensão técnica, utilitária e funcional da aprendizagem reduzida ao desenvolvimento de competências para pensá-la em seu potencial formativo.

Desse modo, argumenta Carvalho, reduzir a experiência escolar a um meio cujo fim seria "a mera adaptação funcional dos indivíduos aos reclamos de produção e consumo das sociedades contemporâneas" (2017: 110) implica expropriá-la de seu sentido intrínseco: "a iniciação dos mais novos em heranças simbólicas capazes de dar inteligibilidade à experiência humana e durabilidade ao mundo comum" (Carvalho, 2017: 110). Reduzir o sentido da educação a uma finalidade fixa e externa à sua própria realização desinveste e esvazia a potência de que a escola venha a se configurar como um tempo-espaço onde algo pode *acontecer* (Masschelein e Simons, 2018). Busca-se substituir os acontecimentos por um conjunto de eventos programados.

Padronizam-se os processos e atividades. Como em grande parte das atividades fabricadoras – principalmente se pensarmos naquelas de larga escala –, a objetividade e a eficácia são os aspectos determinantes de seus processos. Assim, para que atinja os fins prévia e objetivamente definidos, a educação escolar passa a ser orientada por discursos e dispositivos que almejam garantir a governabilidade e padronização de suas atividades. Tais pretensões reificam-se no estabelecimento de normas e procedimentos escolares rígidos e abstratos, na adoção estrita de certos materiais didáticos, na grande difusão de sistemas de ensino apostilados, na criação de escalas herméticas supostamente capazes de atribuir uma grandeza numérica aos desempenhos docentes e discentes, como no caso da submissão constante dos alunos e instituições a avaliações nacionais e internacionais padronizadas e em larga escala. Grande parte desses instrumentos e estratégias vê na padronização um modo de controlar não apenas o que se passa no educar, mas também os seus efeitos ou *produtos*.

Carvalho (2016) aponta, de modo específico no caso das avaliações, algo que acrescenta uma importante nuance à reflexão acerca da padronização dos processos educativos. Segundo o autor, não se trata de negarmos

> a necessidade de grandes avaliações sistêmicas que, se bem-feitas, podem auxiliar na elaboração de metas em políticas públicas. Entretanto, crer que elas possam substituir o penoso, mas necessário, processo singular de ajuizamento de um professor acerca do desempenho de seus alunos é uma quimera. Um sonho – ou pesadelo – da tecnoburocracia cujas metas são a desconsideração da contingência, a ignorância da singularidade e a afirmação da superfluidade do humano. (2016: 41)

Em consonância com a proposição de Carvalho (2016), não se advoga aqui o abandono de estratégias ou instrumentos que em alguma medida possam conferir certa padronização ao que se passa no ensino. Todos aqueles que já se lançaram à aventura de educar provavelmente concordariam com a afirmação de que determinadas atividades seriam irrealizáveis sem alguma medida de padronização. Tal como assinalado anteriormente a respeito do *comportamento* – que por diversas vezes guia as nossas atividades sem que isso signifique a atestação da superfluidade humana –, o risco da padronização situa-se na sua sobreposição às demais atividades do educar, inclusive àquelas que demandam a capacidade de ajuizamento e discernimento próprios a um *alguém*.

Adotam-se modelos abstratos que orientam e validam os processos educativos. A pretensão de padronizar os processos e atividades do educar implica, necessariamente, a adoção de modelos, de padrões para que possam servir de guia àqueles que os põem em prática. E é justamente tal modelo que possibilita, em etapas *finais*, a avaliação das supostas qualidade e eficácia dos processos desenvolvidos. Ocorre que esses modelos não dizem respeito apenas às atividades e aos procedimentos que devem ser aplicados, mas aos sujeitos por eles visados – sejam docentes ou discentes – durante e ao final do processo. A educação é transformada, desse modo, em uma atividade que visa a efeitos de *objetificação* e não mais a processos de *subjetivação*.

A despeito de os contornos atribuídos a esse *modelo* serem contingenciais, visto que se trata de uma síntese daquilo que uma sociedade ou um grupo tenciona e valoriza naquele momento, um *modelo* é sempre uma *figura abstrata*. E isso não pode ser esquecido, sob a pena de que todos os sujeitos de carne e osso se tornem inadequados, insuficientes e inexistentes. É justamente tal abstração que assinala Azanha (2004) ao refletir sobre a formação do professor das escolas básicas. O autor observa que "as discussões e propostas que surgem em congressos, seminários e outros eventos têm se detido na caracterização da figura abstrata de um profissional dotado de determinadas qualidades como sendo um ideal de formação" (2004: 369). Expressões como *modelo* ou *ideal*, sobretudo quando apresentadas como destino único e possível a ser alcançado – desde que corretamente cumpridas cada uma das etapas que levam até ele –, são com frequência concepções refratárias à experiência, ao desejo, ao imprevisto, em suma, são concepções que ignoram e rechaçam o próprio sujeito em sua unicidade e abertura às contingências.

Àquele que nos parece ser o aluno visado por discursos orientados pela lógica da fabricação educativa, Lajonquière (2008a, 2008b, 2010, 2020) nomeia em seus trabalhos como *A-Criança*. Trata-se de uma criatura bastante singular que, apesar do nome, não guarda qualquer semelhança com as crianças com quem cotidianamente nos deparamos. É ela um ser natural, atemporal e a-histórico, dotado de necessidades educativas mais ou menos especiais (Lajonquière, 2010). É a criança *ideal*, a partir da qual todas as outras passam a estar em risco. Nela não há resto, tampouco falta. Tudo n'A-Criança é da ordem do previsível e controlável: "quando tudo funciona como iludido, tudo flui 'naturalmente'" (Lajonquière, 2009: 73). Tal Criança é "fabricada pela expertise dos saberes" (Lajonquière, 2021: 28) e encontra solo fértil em um mundo adulto que sonha com formulações pedagógicas assertivas e definitivas, alegadamente caucionadas pela ciência e seus especialistas. Parece ser ela, precisamente, o aluno perfeito para *O-Professor* tencionado pelos discursos sobre o que seria a ideal – e abstrata – formação docente. A pretensão universalizante de tais modelos, ao buscar uma resposta válida e boa para todos, nos impulsiona "para a mesmidade; [...] nos impulsiona a cada vez menos aceitar as diferenças, as singularidades" (Lebrun, 2004: 110-111). A mesmidade é possível – e por vezes até mesmo desejável – na fabricação de objetos, mas certamente não na formação educacional. Mobilizados por tais modelos e pretensões, os mecanismos não poderiam, então, se limitar aos programas e conteúdos; a padronização, nessa lógica, extrapola a matéria "para inscrever-se na alma, para se transformar em governabilidade dos indivíduos e de suas formas de ser" (Carvalho, 2016: 70).

Uma análise de Arendt (2015) acerca da aproximação que a filosofia grega faz entre as ideias de contemplação e fabricação (*theōria* e *poiēsis*) inspira-me a acrescentar ainda outra camada à discussão sobre os modelos sustentados na fabricação educativa. Na filosofia grega, aponta Arendt, "a contemplação e a fabricação têm estreita afinidade e não se posicionam em uma oposição inequívoca tal como a que existe entre a contemplação e a ação" (2015: 374). Segundo a reflexão da autora, o ponto crucial de similaridade entre contemplação e fabricação na filosofia grega é o fato de que

> a contemplação, a observação de algo, era vista como um elemento inerente também à fabricação, na medida em que a obra do artífice era *guiada* pela 'ideia', pelo *modelo* que ele contemplava antes de iniciar o processo de fabricação e depois que este houver terminado, primeiro para *saber o que produzir* e, depois, para *julgar o produto final*. (Arendt, 2015: 374; grifos nossos)

No que se refere a essa tentativa de transformar a educação em uma atividade fabricadora, é importante considerar a atitude exigida, em determinados momentos, daquele que conduz o processo da fabricação: não se trata da ação, mas da contemplação, da observação de algo, ainda que seja uma construção abstrata. No *modus operandi* de uma atividade contemplativa, diferentemente da ação, a centralidade não parece estar posta sobre o sujeito, que então contempla algo, mas sobre o objeto que é contemplado (e, no caso da fabricação, sobre o objeto assumido como modelo no princípio do processo e almejado como produto quando esse finda).

A ideia "renovada" do professor como facilitador, mediador, tutor do processo de aprendizagem, bastante presente em nosso discurso pedagógico, parece flertar com a atividade da contemplação, constitutiva da fabricação, visto que nessa concepção pressupõe-se bastar à criança o contato imediato "com as práticas sociais e suas linguagens para que essas venham a se revelar na complexidade de seus usos, de seus sentidos e de seus mecanismos de validação intersubjetiva" (Carvalho, 2017: 61). A partir da perspectiva que aposta na "espontaneidade" e "autonomia infantil" no processo de apreensão de diversos aspectos do legado humano, a referência a *alguém* a quem confiar a responsabilidade pela iniciação das crianças na herança simbólica de que se constitui o mundo torna-se algo absolutamente desnecessário (Carvalho, 2017). Bastaria a presença de uma figura capaz de se comportar de acordo com uma prescrição, de modo a produzir a menor interferência possível na relação de uma criança com o mundo, reiterando, no discurso pedagógico, o velho preceito liberal que concebe a liberdade como ausência de interferência.

Tornam-se os meios (e os sujeitos) intercambiáveis, desde que preservados os fins. Visto que é o almejado produto final que orienta e justifica o processo de fabricação, os seus meios – ou os sujeitos que colocam o processo em movimento – têm um papel estritamente utilitário. As características que os distinguem como seres únicos e singulares são apagadas em meio ao funcionamento do grande maquinário. Preza-se apenas aquilo que uma grande quantidade de pessoas pode ter em comum: a capacidade de manter, de forma eficaz, o sistema em movimento.

> Do mesmo modo, o produto final organiza o próprio processo de fabricação, decide sobre os especialistas necessários, o grau de cooperação, e o número de assistentes ou colaboradores. Por conseguinte, tudo e todos são julgados aqui em termos de adequação e de utilidade para o produto final desejado, e nada mais. (Arendt, 2005: 187)

Nessa lógica, o sentido das atividades e dos sujeitos não está em sua própria existência e realização, como no caso da ação (*práxis*), mas está sempre submetido aos ditames do produto final almejado. Desde que ele seja preservado, seus intermediários são supérfluos e intercambiáveis.

Para acrescentar contornos mais concretos a essa questão, parece-me relevante fazer aqui uma breve menção à experiência vivida por uma professora – e que possivelmente ecoa com a de tantas outras – na ocasião de sua saída de uma escola onde trabalhou por vários anos. "Ninguém é insubstituível", disse a ela a coordenadora da instituição. A frieza dessa afirmação parece ser agudizada quando proferida entre os muros de uma instituição na qual as relações, o tempo e o espaço revestem-se do privilégio de poder operar sob lógicas distintas daquela do consumo e da produtividade; em uma instituição inventada para que sujeitos recebam e acolham no mundo – de forma sempre e absolutamente singular – outros sujeitos. No momento em que um professor, ou qualquer outro sujeito, é transformado em uma peça – cambiável – da qual se espera apenas o bom funcionamento (ou comportamento) para que não afete o movimento do grande mecanismo em que se insere, temos a certeza de que algo se perdeu na educação. "Tudo pode funcionar, mas nada tem sentido. É como se tivéssemos perdido o *amor* [ao mundo e às novas gerações] em algum lugar ao longo do caminho" (Masschelein e Simons, 2018: 139).

O que resta então ao professor, à *práxis* cotidiana do ofício docente? A transposição da lógica da fabricação fabril à educação descaracteriza e esvazia o ofício docente posto que lhe furta uma de suas mais importantes atividades. Furta-lhe a atividade da ação, justamente aquela que o reveste de pessoalidade e dignidade. Justamente aquela que permite ao professor revelar-se como um alguém. Enredado em uma condição na qual vê mitigada a sua possibilidade de dizer e de agir, o cerne do ofício docente é reduzido, então, a "uma rotina diária e necessária: o trabalho docente. Um trabalho *que não inventa nada novo, não trata de grandes questões éticas*, mas de um esforço repetitivo para preservar alguns comportamentos básicos como parte da convivência na escola" (Almeida, 2021: n. p.; grifos nossos).

Resta-lhe executar atividades da ordem da *necessidade*, da manutenção da *vida escolar*. Deve corrigir exercícios, cadernos, provas, controlar a frequência, fazer relatórios, preencher documentos, carimbar, recortar, colar e dobrar. Deve, inúmeras vezes, lembrar aos alunos "de que o dia e a hora da entrega de um dever não são negociáveis, de que um dever malfeito é para ser refeito no dia seguinte, de que isso, de que aquilo" (Pennac, 2008: 134). Restam-lhe atividades de pouca ou nenhuma permanência: mesmo as pequenas obras do cotidiano docente são rapidamente consumidas pelo calendário letivo; são elas perecíveis, *produtos do trabalho* "que não demoram no mundo tempo suficiente para chegar a fazer parte dele" (Correia, 2013: 209). São atividades que dificilmente deixarão rastros ou grandes estórias atrás de si. Se a educação é entendida e ordenada como um processo de fabricação fabril, parece inevitável: ao ofício docente resta apenas a atividade do trabalho.

A AÇÃO DOCENTE OU A LIBERDADE DOCENTE, POIS SER LIVRE E AGIR SÃO UMA MESMA COISA

> *Os homens são livres [...] enquanto agem, nem antes, nem depois; pois ser livre e agir são uma mesma coisa.*
>
> Hannah Arendt

Em solo oposto ao da fabricação, Arendt (2015) situa a ação, a única atividade que ocorre diretamente entre os homens, sem a mediação das coisas ou da matéria. A ação – juntamente com a enunciação – é a atividade que torna possível ao *alguém* seu aparecimento no mundo como um ser absolutamente único e singular dentre todos aqueles que o antecederam e os que virão.

A ação, por mais frágil, improdutiva e fugaz que possa parecer, "'produz' estórias, intencionalmente ou não, com a mesma naturalidade com que a fabricação produz coisas tangíveis" (Arendt, 2015: 228). Essa capacidade de *produzir* estórias, de deixar atrás de si rastros e vestígios para um narrador disposto a colocá-los em palavras, parece marcar uma importante distinção com relação ao *comportamento* realizado por um *ninguém*. É possível a criação de novas histórias – e estórias – sem o *extraordinário* que a ação e a enunciação comportam? É possível a existência de um sujeito, de um alguém, sem que haja espaços para o imponderável, sem vazios e fios soltos que convoquem à ação e ao aparecimento? A ilusão de completude e de controle, que inspira a imposição do comportamento sobre a ação, bem como da redução da educação à lógica da fabricação em sua modalidade fabril, ignora ser justamente na *margem de indeterminação* (dos acontecimentos, das ações e das relações) em que se situa a possibilidade de desvelamento de um alguém, bem como a potência humana de criação e manutenção de um mundo comum.

A ação, diferentemente da fabricação, não está mobilizada por uma finalidade, mas por um princípio. Ainda que seja precedida pelo juízo do intelecto e iniciada pelo império da vontade, uma ação brota sempre de um princípio (Arendt, 2014). Um princípio, propõe Arendt (2014), não opera no interior do *eu* como fazem os motivos, tampouco liga-se a uma pessoa ou a um grupo em especial. A validade de um princípio é universal (Arendt, 2014) e eles são demasiado gerais para prescrever metas ou modos de operacionalização particulares. Um princípio é, também, inexaurível, isto é, pode ser repetido indefinidamente sem que perca o vigor e a validade na execução de uma ação. Uma ação pode ter por princípio a honra, a glória, o amor à igualdade, mas também o medo, a desconfiança ou o ódio (Arendt, 2014). A tentativa de substituir o princípio de uma ação por uma finalidade parece ser a forma mais consistente de enclausurá-la e descaracterizá-la. Ao ver-se furtada de um princípio, uma ação transforma-se facilmente em comportamento – justamente aquele visado e necessário ao espraiamento da lógica da fabricação sobre as diversas atividades humanas.

Além de não estar tensionada por uma finalidade, a ação tampouco concebe como *meios* os elementos articulados em seu aparecimento. Ela lança luz precisamente àquilo que a fabricação encobre, desinveste e torna cambiável. *Quem*, *como* e *por que* alguém age são aspectos inseparáveis da própria ação. Assim, o que na lógica da fabricação são *meios* – contingenciais, variáveis, supérfluos –, na ação constitui o seu elemento nuclear. Os elementos que se articulam no aparecimento de uma ação são sempre singulares e essenciais: a mais imperceptível mudança no arranjo que a compõe resultaria imediatamente em outra ação, tão singular e irreplicável quanto a primeira.

A ação é livre, diz Arendt (2014): *ser livre e agir são uma mesma coisa*. A liberdade que se aninha na ação humana, contudo, não diz respeito a "uma disposição interior do espírito, pela qual estou livre para pensar o que quero independentemente daquilo que acontece no mundo" (Almeida, 2008: 476). A liberdade da ação não é um dom capaz de desvinculá-la do mundo, de conferir a alguém a autorização e a capacidade de fazer aquilo que bem entender. A liberdade é aquilo que enraíza e entrelaça uma ação no mundo, no espaço entre-humanos; a liberdade é aquilo que coloca a ação *em relação* com o mundo. Assim, revela-se ser precisamente o entrelaçamento com o mundo a condição que nos permite verificar a liberdade em um ato ou palavra humana: é pelo fato de uma ação ou enunciação ter sido realizada no mundo, em meio à teia de relações humanas e às forças condicionantes que o viver juntos e a existência na Terra nos impõem, que podemos verificar a eclosão de algo que segue em sentido absolutamente contrário ao esperado e opera "o infinitamente improvável" (Arendt, 2014: 219). Um acontecimento é infinitamente improvável ao ser examinado em relação àquilo que, com certo automatismo, operava no mundo antes de seu aparecimento. Portanto, não há liberdade – concebida como um atributo tangível da vida comum – fora do mundo, fora do espaço público.

Nesse sentido, a liberdade verifica-se no instante em que alguém faz eclodir no mundo atos e palavras que testemunham a sua liberação em relação aos acontecimentos prévios, às tendências, aos automatismos, às propensões, às expectativas. E desse modo, a liberdade não se revela como um ideal abstrato e inalcançável que paira no horizonte humano: ao aparecer no espaço público, a liberdade é uma realidade concreta, torna-se "tangível em palavras que podemos escutar, em feitos que podem ser vistos e em eventos que são comentados, relembrados e transformados em estórias" (Arendt, 2014: 201).

Por meio da ação e da enunciação, faz-se possível ao agente a proposição de um novo começo, liberado da necessidade – e muitas vezes do "álibi" – de uma coerência ou continuidade com aquilo que já havia. A liberdade se exerce não em relação aos outros, mas com os outros e em relação às amarras do passado.

A partir dessa perspectiva, parece possível a afirmação de que a potência que anima a natalidade – o fato de que seres novos nascem no mundo (Arendt, 2015) – permanece latente durante toda a nossa existência, visto que é possível a um alguém, a todo instante, atualizar e verificar a capacidade humana de iniciar algo novo, de agir, de apresentar ao mundo algo que ali antes não havia. Como seres jamais absolutamente conformados pela tradição, pela cultura ou pela nossa própria estória (por nossos atos e palavras passadas), há sempre a possibilidade de que o rumo da narrativa de uma vida seja mudado, de que seja apresentado ao mundo um novo *alguém*, com feições únicas e singulares.

A isso que aparece no mundo por meio da ação e da enunciação e instaura um novo começo à sucessão dos acontecimentos, Arendt (2014) nomeia *milagre*. E essa ideia, por mais religiosa ou transcendente que possa inicialmente soar, é absolutamente secular e mundana: é a *ação* dos seres humanos que opera milagres. São os seres humanos que "podem estabelecer uma realidade que lhes pertence de direito" (Arendt, 2014: 220) e instaurar uma diferença no mundo, um antes e um depois. Todo ato, afirma Arendt (2014: 218), "considerado, não da perspectiva do agente, mas do processo em cujo quadro de referência ele ocorre e cujo automatismo interrompe, é um 'milagre' – isto é, algo que não poderia ser esperado". É o milagre a possibilidade mesma da liberdade, do irromper no mundo, por meio de atos e palavras, como uma improbabilidade infinita.

E onde opera tal sorte de milagres? Contrariamente ao que o pensamento religioso poderia nos fazer crer, os milagres, no sentido arendtiano, podem ser testemunhados a cada instante em que alguém decide agir e falar à revelia daquilo que a sua condição – e identificação – poderia sugerir ou, ainda, supostamente determinar. A absoluta conformidade ou *identificação* com um lugar, um grupo ou uma forma específica de comportamento costuma buscar sua justificação nos mais distintos elementos que de algum modo tencionam atribuir determinada conduta ou destinação a cada sujeito. A identificação pode tomar como fundamentação aquilo que se atesta sobre um sujeito – os predicados que se lhe atribuem –, como: a origem familiar, social, o gênero, a etnia, o ofício, o grau de escolarização ou ainda, mais modernamente, um laudo médico, um teste cognitivo ou um exame neurológico. O rompimento com tais identificações, a interrupção de encadeamentos automáticos, a recusa à absoluta conformação àquilo que nos cerca, por meio da ação e da enunciação, são formas profanas de operar milagres.

A despeito de habitar potencialmente grande parte das atividades humanas, há algumas delas, por sua vez, que parecem estar profundamente enraizadas na possibilidade de eclosão de milagres, atividades essas que, em alguma medida, dependem deles para que possam ocorrer. A educação parece ser uma delas – e quiçá também a política e o processo de cura analítica, os três ofícios impossíveis de Freud. Proponho o enraizamento da educação no solo dos milagres, visto que podemos concebê-la como uma aposta de que algo novo, algo da ordem do imprevisto – do sujeito, do desejo – possa emergir a partir do acolhimento dos recém-chegados no mundo. Afinal, a educação não é uma atividade que se "exerce sobre a matéria para nela imprimir uma forma final de antemão concebida, mas implica a interação com uma pluralidade de sujeitos singulares cujas respostas a nossos atos e palavras são da ordem do imprevisível" (Carvalho, 2017: 105). A imprevisibilidade e a improbabilidade são características essenciais de um *acontecimento miraculoso*.

A ação de alguém, como dito no início desta seção, deixa atrás de si rastros, como *pontas de mistérios* (Rosa, 2001), e dela podem desdobrar-se tantas outras, igualmente imprevisíveis e ilimitadas. E quando podemos dizer que um professor age? Para o exame de tal questionamento, inspiramo-nos na resposta apresentada por Pereira (2016: 21) acerca dos momentos em que alguém poderia ser considerado um "bom professor": "esse somente o será quando ele atuar no avesso daquilo que prevê a racionalidade técnica dos inumeráveis compêndios pedagógicos de nosso entorno". Um professor age no exato momento em que recusa o mero comportamento – evidente, previsto, prescrito, predeterminado – diante daquilo com o que se depara em seu ofício. Um professor age quando interrompe o automatismo de uma reação e põe-se a ajuizar acerca da singularidade de um acontecimento, de um sujeito ou de uma resposta advinda de onde não esperava. Um professor age quando decide assumir o risco implicado no abandono temporário das atividades previstas no sistema apostilado para dedicar-se àquilo que a experiência do instante parece exigir. Um professor age quando, a despeito da incapacidade supostamente atestada em um laudo médico ou avaliação padronizada, sustenta em seu endereçamento à criança a possibilidade de que algo da ordem do desejo possa emergir. Um professor age quando, movido pelo princípio da igualdade, ignora qualquer identificação que possa decorrer de origem social ou familiar de seu aluno. Todas essas ações podem ser consideradas, em alguma medida, milagres e de todas elas, provavelmente, emergiram outros, tão inesperados e ilimitados quanto os primeiros.

Lembremos, ainda, neste ponto, da interessante análise que Lajonquière (2010) faz do filme *The miracle worker* (1962), de Arthur Penn. O filme narra a história do encontro de Helen Keller e Anne Sullivan, no ano de 1887, em Tuscumbia, Alabama, Estados Unidos. Helen, ainda bebê, foi acometida por uma doença que a deixou cega e surda. Aos 7 anos ela conhece Anne, enviada à sua casa para ser sua professora. Mesmo afirmando não saber aonde sua implicação na educação de Helen poderia levá-la, a chegada de Anne marcou a saída da pequena garotinha do isolamento imposto pela sua deficiência, a saída de sua vida de *fantasma* – sentimento que Helen viria a relatar em seu livro *Lutando contra as trevas*. Lajonquière (2010) assinala as diferentes traduções feitas do título americano do filme, que em uma tradução literal seria "A trabalhadora miraculosa". No Brasil, ele foi lançado como *O milagre de Anne Sullivan*, em Portugal como *O milagre de Helen Keller* e na França como *Miracle en Alabama*. O autor vale-se das distintas traduções para trazer à discussão o questionamento sobre o *agente do milagre*. Quem ou o que parece tê-lo operado na história em questão? A partir de uma perspectiva psicanalítica, Lajonquière (2010: 167) propõe tratar-se "do milagre mesmo da palavra, da sua mestria". O miraculoso trabalho da palavra, afirma o autor, "a função significante – é aquele de instalar, uma e outra vez, a possibilidade de vivermos uma experiência ou uma diferença entre um antes e um depois no devir temporal" (Lajonquière, 2010: 167). Foi o modo como Anne endereçava a palavra a Helen "que decidiu de vez a emergência mesma da palavra em Helen ou, se preferirmos, da sujeição de Helen ao discurso" (Lajonquière, 2010: 169).

É fundamental assinalar que o acontecimento miraculoso operado pela palavra se fez possível não pela cientificidade ou adequação do método escolhido e adotado por Anne na educação de Helen, o milagre fez-se possível pois "Anne desejava falar com Helen. Tinha algo a dizer, assim como havia *alguma coisa* que queria escutar dela" (Lajonquière, 2010: 171; grifos nossos). Anne desejava escutar *alguma* coisa de Helen, e não *uma* coisa específica visada de antemão em sua empreitada pedagógica. Além de se mostrar como um *alguém*, Anne também o supunha em Helen.

A educação, em movimento contrário àquilo visado pelo discurso tecnicista e à lógica da fabricação educativa, deve ser capaz de suportar o fato de que está sempre orientada para a constituição de um "alguém que se insere de forma singular na pluralidade do mundo" (Carvalho, 2017: 105). Ela deve ser capaz de suportar a abertura, a falta, a incompletude como a "única e paradoxal possibilidade – assim sendo, antimetódica – de virmos a sustentar as condições para que alguma coisa da ordem de um desejo possa advir como resto de toda proporção educacional" (Lajonquière, 2009: 120-121). Isso porque, propõe Cifali (2009) em semelhante sentido, "uma infelicidade acontece quando, por demais, o projeto [educativo] é fielmente seguido: o vivente é objetivado, morto na sua singularidade, impedido de aceder à sua posição de sujeito inalienável" (2009: 161).

SOBRE O FARDO DA AÇÃO E DA ENUNCIAÇÃO

Se um remédio é buscado para a ação e para a enunciação, para a *fragilidade dos assuntos humanos* (Arendt, 2015) – dentre os quais está a educação ou a acolhida das crianças no mundo – é porque há neles um fardo a ser suportado, um preço a ser pago, um mal-estar a ser gerido por aqueles que agem e falam junto a outros. Esse *mal-estar*, esse lugar instável ao qual a ação e a enunciação lançam o agente, relaciona-se ao fato de serem eles sempre uma aposta e, como toda aposta, operarem em meio a riscos e incertezas. Não há garantias, propõe Arendt (2015), os efeitos de uma ação e de uma enunciação são imprevisíveis e ilimitados visto que se realizam invariavelmente em meio a uma teia de relações humanas continuamente tecida por agentes plurais. E ainda, caso esses efeitos se afastem profundamente daquilo que mobilizou seu agente a agir ou a falar, não há nada a ser feito, a ação e a enunciação são irreversíveis (Arendt, 2015).

Os remédios pretendidos à fragilidade dos assuntos humanos não podem, contudo, visar mais do que a uma atenuação, uma mitigação do fardo que a ação e a enunciação aportam ao agente, sob o risco de virem a extinguir a potência de *desvelamento* e de *novidade* que comportam: é do *fardo* da imprevisibilidade e da ilimitabilidade que a ação e a enunciação extraem a sua força. Isso porque é essa *margem de indeterminação* que torna possível a emergência do novo, da diferença, daquilo que ao eclodir no mundo funda um antes e um depois; é nela onde se faz possível operar uma cisão, uma ruptura no solo íntegro dos automatismos, da mesmidade, das repetições e até mesmo, como aponta Arendt (2015: 305), na lei da mortalidade.

> Prosseguindo na direção da morte, o período de vida do homem arrastaria inevitavelmente todas as coisas humanas para a ruína e a destruição, se não fosse a faculdade humana de interrompê-lo e iniciar algo novo, uma faculdade inerente à ação que é como um lembrete sempre-presente de que os homens, embora tenham de morrer, não nascem para morrer, mas para começar. (Arendt, 2015: 305)

A autora, ao examinar os contornos da ação, assinala a existência do que concebe como dois importantes remédios encontrados pelos humanos para fazerem face ao fardo nela implicado. Tais remédios atuam como tentativas de instaurar ilhas de segurança no oceano de incertezas humanas, bem como de liberar – em alguma medida – o agente das consequências daquilo que fez; são eles as faculdades de fazer promessas e de perdoar. A faculdade de prometer – e cumprir promessas – é o modo humano de lidar com a incerteza do futuro, com a imprevisibilidade da ação. Já o perdão emerge como uma tentativa de atenuar o constrangimento da irreversibilidade da ação. Esses remédios, por sua vez, sabem de sua condição também fugaz e parcial: perdão algum pretende-se capaz de desfazer um feito, tampouco promessa alguma comporta garantias de seu cumprimento – por mais genuínas que sejam as intenções do sujeito que pede perdão ou promete.

São eles remédios que sabem de sua incompletude, reconhecem ser antes um modo de gerir a *experiência da fragilidade humana* para que os sujeitos permaneçam implicados na vida junto a outros, do que uma forma de a suprimir. A lógica tecnocrática, por sua vez, ao conceber a fragilidade como um problema, uma doença, uma inaptidão ou mau funcionamento, visa controlá-la para, assim, poder suprimi-la. Não há fragilidade que possa interessar à técnica.

Ao examinar a lógica do que seria uma sociedade construída sobre os "implícitos do discurso da ciência", Lebrun (2004) assinala ser uma das importantes características de seu funcionamento justamente a tendência de os sujeitos virem a "perder o sentido do limite" (2004: 100). Em virtude da tecnologia de que dispõem, os sujeitos passam a visar o deslocamento do impossível, arriscando-se facilmente

> a confundir isso com o fato de poder expulsá-lo: não faltam os exemplos, a partir dos trens de grande velocidade até as naves espaciais, passando pelas performances do forno de micro-ondas ou do cartão de crédito, sem esquecer, evidentemente, a rede Internet e os computadores cada vez mais potentes: tudo isso nos leva a pensar que, amanhã, se abrirão ainda outras possibilidades. (Lebrun, 2004: 100-101)

Que isso se aplique às máquinas e à tecnologia, não parece de imediato um problema. O risco consiste na pretensão de que semelhante lógica possa ser aplicada aos sujeitos e à experiência do viver junto aos outros.

A fragilidade dos assuntos humanos deve-se ainda à condição humana da *pluralidade* e da *singularidade*, isto é, ao fato de que somos todos igualmente humanos "de um modo tal que ninguém jamais é igual a qualquer outro que viveu, vive ou viverá" (Arendt, 2015: 10). Visto que de cada um dos humanos se pode esperar o *infinitamente improvável*, haverá de modo irremediável nas relações entre os sujeitos desajuste, diferença, falta de proporção. Ao saltar da natureza para a cultura, o ser humano liberta-se da lógica dos instintos e se depara com o indeterminado: em condição humana, ele deve se haver com o imprevisto *par excellence* nomeado pela psicanálise como *desejo*. Se operássemos sob a lógica dos instintos ou das máquinas, haveria comportamento – automático, encadeado e previsível – e não ação, tampouco enunciação. Bastaria que os humanos – de modo semelhante aos animais ou às peças – "fossem repetições interminavelmente reproduzíveis do mesmo modelo, cuja natureza ou essência fosse a mesma para todos e tão previsível quanto a natureza ou essência de qualquer outra coisa" (Arendt, 2015: 10). A ação e a enunciação, desse modo, seriam "um luxo desnecessário, uma caprichosa interferência nas leis gerais do comportamento" (Arendt, 2015: 10).

A falta de proporção, que para a lógica tecnocrática representa a ruína, a falência, o mau funcionamento, é justamente a condição para que a ação e a enunciação – com toda a potência de reviramento e milagre que comportam – se façam possíveis entre os sujeitos. Visando à eficácia, à padronização e à produtividade, o tecnicismo rechaça a pluralidade e a singularidade da condição humana e as substitui, como mencionamos, pela lógica da *mesmidade* (Skliar, 2003). Uma "mesmidade que conta tudo, em somas e subtrações traçadas desde um sumidouro, esquecendo o sujeito que fica submerso ou ignorado entre posições numéricas, coeficientes, perdas e ganhos" (Skliar, 2003: 75). Uma mesmidade que vislumbra o perfeito encaixe das engrenagens para que a máquina se movimente, uma mesmidade que acredita ser possível suprimir o *mal-estar estrutural da vida junto a outros*.

Esse mal-estar, a partir do que propõe Freud (2010) em sua célebre obra *O mal-estar na civilização*, consiste naquele experimentado por todos os seres que vivem na cultura. Ainda que distintas culturas possam conduzir a diferentes formas de expressão do mal-estar, não há como contorná-lo; o mal-estar faz parte da noção mesma de cultura. E, uma vez que não há sujeito sem o social, tampouco o seu inverso, resta aos sujeitos o desafio de encontrarem formas de se haver com esse mal-estar.

> Boa parte da peleja da humanidade se concentra em torno da tarefa de achar um equilíbrio adequado, isto é, que traga felicidade entre as exigências individuais e aquelas do grupo, culturais; é um dos problemas que concernem ao seu próprio destino a questão de se este equilíbrio é alcançável mediante uma determinada configuração cultural ou se o conflito é insolúvel. (Freud, 2010: 58)

Ainda que a partir de distintas perspectivas, as proposições de Arendt (2015) acerca do fardo implicado em toda ação e enunciação humanas, bem como os escritos psicanalíticos sobre o mal-estar do viver junto aos outros, permitem a identificação de um aspecto fundamental à reflexão aqui desenvolvida: *a indissolubilidade do mal-estar, do desajuste, do imprevisto dos assuntos humanos.* Esses aspectos não podem ser examinados como algo episódico, tampouco passível de ser suprimido ou curado, mas como algo estrutural do viver-juntos em condição humana, de forma tal que nos resta apenas geri-lo. O que, por sua vez, é sempre contingencial e singular é a forma que essa condição assume na experiência de um sujeito: a falta de proporção da vida junto a outros é invariável em sua ocorrência, mas variável e indeterminada em sua forma. Diante dessa indissolubilidade, o único "progresso" que poderíamos visar em nossa condição, propõe Millot (1987) à luz dos escritos de Freud em *Estudos sobre a histeria*, seria "a transformação de nossa miséria neurótica em uma infelicidade banal, e a de nossa impotência no reconhecimento do impossível" (1987: 157).

É justamente com relação a este último aspecto, o reconhecimento do impossível, que convido a pensar aqui o modo como a educação é hoje concebida e conduzida. Cifali (2009) assinala que se sonhamos que o ofício de educar bem como o de curar e governar possam vir a ser um dia "racionalmente conduzidos, asseguradamente fundados em um saber científico, no qual o ato, a cada vez, seria determinado objetivamente, então estamos hoje ainda decepcionados" (2009: 156). Não há ciência "definitiva" do governo, da educação ou da cura, propõe a autora.

> Jamais chegamos ao fim. Há certos saberes construídos, seja na clínica, seja em laboratório experimental, mas que jamais podem reduzir o encontro vivo entre os homens no tratamento, na educação e no viver juntos. Em vez de pensar nossos atos, temos a necessidade de construir um saber do vivo e do singular que conta com a incerteza, o acaso e a complexidade. (Cifali, 2009: 158)

Não há remédios ou medidas preventivas para educar alguém. Para lidar com a impossibilidade, com o *imprevisto* que se aninha na educação, é imprescindível a presença de um sujeito que continuamente o acolha e o relance à relação educativa: o educar depende da prontidão de alguém disposto a agir. Não apenas a agir, mas a *refletir* e a *ajuizar* sobre aquilo que vivencia cotidianamente em seu ofício. Depende de um professor que não seja impelido pela ninguém-dade a permanecer à porta, mas que seja esperado em um lugar de palavra. Um professor que ao adentrar a escola possa em seu ofício revelar quem é, de modo que lhe seja possível receber e acolher no mundo comum aqueles que chegam.

O professor, ao lançar-se a um ofício que é da ordem do impossível, e radicado no solo do milagre, depara-se cotidianamente com acontecimentos e problemas "cuja solução exige discernimento e não a aplicação mecânica de regras" (Carvalho, 2017: 61). Exige-se que assuma "o lugar do 'árbitro' das múltiplas e incessantes ocupações da existência humana no mundo, do juiz que nunca encontra uma solução definitiva para esses *enigmas*, mas respostas sempre novas à pergunta que está realmente em questão" (Arendt, 2019: 232; grifo nosso). A exigência de assunção desse lugar desdobra-se do duplo movimento que a liberdade – da ação e da enunciação – opera: no mesmo instante em que a liberdade rompe o elo entre o agente e uma cadeia de acontecimentos autômatos, de pretextos que supostamente justifiquem ou causem determinada ação, ela imediatamente forja um outro, o elo que vincula o agente à sua *responsabilidade*.

O impossível sonho da fabricação

Por sua vez, aquilo que um agente faz desde um "lugar de árbitro" em nada se assemelha à função de *fiscalizar* ou *conduzir* um processo estruturado sob a lógica da fabricação fabril. À figura designada a esta última, cabe verificar se não há algum mau funcionamento (ou mau comportamento) nas etapas intermediárias do processo e se aquilo produzido ao final é suficientemente semelhante ao modelo estabelecido no princípio. E para que a máquina – educativa – não deixe de girar, resta-lhe apenas a infindável e repetitiva atividade do trabalho; nada além dele. Não há *enigmas*, tampouco necessidade de ajuizamento. Em contrapartida, o professor que se lança a arbitrar sobre a experiência que vive em seu ofício precisa suportar a fragilidade da ação educativa, suportar o fato de que ao agirmos "nunca podemos saber realmente o que estamos fazendo" (Arendt, 2005: 193), de modo tal que o impossível não seja percebido "como uma infelicidade, mas como constitutivo de nossa relação com o outro-sujeito" (Cifali, 2009: 162).

É justamente esse aspecto da educação – a sua fragilidade – que o discurso de tecnicização do ensino tenciona suprimir. O que esse discurso parece ignorar são os efeitos nefastos que tal supressão implica para os sujeitos e para a própria educação, visto que é precisamente na fragilidade, na indeterminação, na incompletude da ação que reside a potência humana de criação e de renovação. Para além das estruturas frequentemente precárias das quais dispõe a educação em nosso país, a docência encontra-se ameaçada pela superfluidade e desarraigamento humano: ameaçada pelo ninguém.

Desse modo, enredado pela precariedade material e simbólica do ofício docente, o professor vê, a cada dia, serem mitigadas suas *capacidades enquanto agente humano* (Ricœur, 2005, 2014). O exame do sofrimento docente por essa perspectiva torna possível a interpretação dos reclamos de um professor como uma forma de *enunciar* a existência de um *alguém* que padece ao ver-se enclausurado em mecanismos que cotidianamente lhe furtam a possibilidade de exercício de suas capacidades enquanto agente.

Uma fenomenologia
do sofrimento docente

Hoje eu cheguei na sala para dar aula. Ninguém…
Ninguém na chamada de Meet.
Dei a aula inteira, gravando para disponibilizar…
Me senti um lixo.
Não pelo abandono.
Mas por ter sido fácil demais fazer isso.
Conformar-se é secar por dentro um bocado.

Dennis Almeida

No dia 22 de maio de 2021, em um momento bastante crítico da pandemia do coronavírus, em que as escolas e os professores buscavam encontrar meios para preservar algo daquilo que anteriormente entendíamos por educação e escola, Dennis Almeida, professor de História e Literatura na rede privada de ensino de São Paulo, publicou em uma rede social a mensagem escolhida como epígrafe deste capítulo.[13]

Ao adentrar a sala, então reduzida à tela de seu computador, o professor deparou-se com a ausência completa dos demais personagens daquele encontro, *ninguém na chamada de Meet*. O vazio e o silêncio da reunião foram substituídos por um monólogo, pela suposta aula que de algum modo deveria acontecer: *dei a aula inteira, gravando para disponibilizar*. Dennis, contudo, afirma não ter sido o abandono, reificado na ausência de seus aguardados interlocutores, que o fez se sentir mal. O que parece ter lhe causado sofrimento foi a percepção de que, naquele momento da aula, a ninguém-dade do *outro* também havia lhe tomado o *si*: foi *fácil demais fazer isso*. Ninguém-dade essa que, ao apagar os contornos ainda que fugazes e sutis de um *alguém*, acaba por dispersá-lo e fundi-lo com o seu entorno: o professor ali havia se *conformado*.

A conformidade implica a diluição da resistência exercida pelos contornos do aparecimento de um alguém no mundo, ao gradualmente substituir o *agir* pelo *padecer*. Extinguem-se os traços do agente, juntamente com os rastros da ação. Ao passo que o sujeito, o alguém, é justamente a não conformidade, a diferença, o novo que escapa – dos automatismos, do previsto – e aparece no mundo, ao virtualmente abster-se, naquele momento, de sua capacidade de agir, restava ao professor padecer os acontecimentos que as circunstâncias lhe impunham. O movimento de conformar-se, de tomar a forma de outrem, de entregar-se e integrar-se ao entorno, parece corresponder àquele assinalado por Arendt (2016) como sendo o grande perigo da vida em um mundo desertificado, um mundo de impermanências e de seres desarraigados: tornarmo-nos habitantes do deserto e nele passarmos a nos sentir em casa. Parece-nos ser o *ninguém* a imagem última de uma figura demasiadamente *con-formada*.

Na experiência narrada pelo professor, e sobretudo no modo como nela ele deixa imprimir suas marcas enquanto narrador, desvelam-se símbolos, figuras e metáforas que acrescentam importantes nuances à proposição de que o sofrimento de um professor estaria vinculado aos constrangimentos infligidos ao exercício de suas capacidades enquanto agente humano. Dennis, em sua breve narrativa, além de assinalar a relação entre o seu sofrimento e a diminuição de sua capacidade de agir – a conformidade está antes no âmbito do comportamento do que da ação –, lança luz à forma como a relação *si-outros* participa do seu sofrimento. A ausência do outro, de algum modo, afetou a forma como ele aparecia a si-mesmo: havia *secado por dentro um bocado*.

Busco, então, neste capítulo, compreender a partir destes dois eixos – o da relação *si-outros* e do *agir-padecer* (Ricœur, 2021) – os fenômenos do sofrimento docente. Tais eixos não correm em paralelo, mas se cruzam perpendicularmente. O sofrimento, por sua vez, aparece, segundo a proposição ricœuriana, como uma alteração operada nesses eixos, isto é, como uma alteração que afeta a relação de um sujeito consigo mesmo e com os outros, bem como a potência de suas capacidades enquanto agente humano.

Em seu texto, "La souffrance n'est pas la douleur",[14] que servirá de fio condutor à reflexão apresentada neste capítulo, Ricœur (2021) examina o fenômeno do sofrimento por meio da compreensão do que ele nomeia como *signos do sofrer*. O autor vale-se desses signos para compreender a diminuição operada nos registros da fala, da ação, da narrativa e da estima de si, assim como a alteração da relação *si-outros*. Ao propor uma forma de esclarecer a compreensão do sofrimento humano, Ricœur, em percurso semelhante ao que tenho trilhado neste livro, afirma não se basear na experiência clínica e, portanto, na nosografia dos transtornos mentais, mas recorrer unicamente "à mais comum e universal experiência humana do sofrer" (Ricœur, 2021: 13; tradução nossa), tal como ela emerge, se configura e se expressa nos símbolos da cultura.

Ao dizer da universalidade da experiência humana do sofrer, Ricœur (2021) ilumina o fato de que, ainda que o sofrimento enquanto *experiência* seja sempre vivido de modo singular, ele é potencialmente comunicável, compreensível ao outro, pois é passível de ser traduzido em imagens, narrativas, signos, símbolos, metáforas, isto é, em materialidades – mais ou menos sutis – que condensam experiências comuns. Por essa razão, nelas somos capazes de, em alguma medida, *reconhecer* o nosso próprio sofrimento.

O exame do sofrimento por meio de *signos do sofrer* – e não apenas a partir de categorias nosográficas – parece acolher a sua diversidade de formas e abrir espaços na trama de significações que enredam os sujeitos que o vivenciam; tais signos aceitam e apresentam a si mesmos como incompletos, multívocos e fragmentários. Assim, ainda que as proposições desenvolvidas neste livro, em conformidade com os objetivos assinalados por Ricœur (2021) em seu texto, não nutram a pretensão de orientar um ato terapêutico, viso esclarecer a compreensão do sofrimento docente a partir de uma interpretação dos fenômenos e das narrativas que emergem do cotidiano dos professores.

Para isso, retomarei neste capítulo algumas das reportagens mencionadas no primeiro capítulo, recorrendo a esse material com propósitos bastante específicos. Parte significativa das reportagens examinadas apresentam depoimentos e narrativas de professores que nelas são descritos e identificados como adoecidos, readaptados ou afastados de suas funções em razão de um diagnóstico enquadrado na categoria de "transtornos mentais e comportamentais". Esses depoimentos, como indicado no primeiro capítulo, compõem nas referidas reportagens parte do *corpus* que lhes serve de base à identificação das causas, consequências, modos de prevenção e tratamento do sofrimento docente. Busco, contudo, interpretar essas narrativas que emergem do cotidiano docente a partir das imagens dos *signos do sofrer*, tal como propostas por Ricœur (2021). Esse modo de interpretação nos permitirá não apenas esclarecer a compreensão que temos dos fenômenos do sofrimento docente, mas também afrouxar os fios das categorias hoje tecidas sobre os professores que os vivenciam.

O SOFRIMENTO COMO ALTERAÇÃO DA RELAÇÃO CONSIGO MESMO E COM OS OUTROS

Como pode o homem sentir-se a si mesmo
quando o mundo some?

Carlos Drummond de Andrade

Se só me faltassem os outros, vá;
um homem consola-se mais ou menos das pessoas que perde;
mas falto eu mesmo, e esta lacuna é tudo.

Machado de Assis

O ensaio de um diálogo entre Drummond e Machado de Assis permite-nos vislumbrar uma resolução poética para algumas das aporias que emergem do exame dos fenômenos do sofrer. Resolução essa que, como propõe Ricœur (1997), permite antes despojá-las de seu efeito paralisante e torná-las produtivas do que dissolvê-las. É entre a *falta dos outros* e a *falta de si* em que parece estar situado o sofrimento de um sujeito.

O sofrer nos ameaça, propõe Freud (2010: 31), a partir de três direções: do próprio corpo, sempre fadado ao declínio e à dissolução; do mundo externo, que pode nos atingir com forças poderosíssimas, inexoráveis e destruidoras; e, por fim, das *relações com os outros seres humanos*. O sofrimento que se origina dessa última fonte, assinala Freud, é possivelmente aquele experimentado por nós de forma mais dolorosa. E, mesmo que tenhamos a tendência de considerá-lo algo secundário e contornável, ele é tão inevitável quanto o sofrimento advindo das outras fontes (Freud, 2010).

Ainda que das relações com os outros advenha parte importante daquilo que faz sofrer o sujeito, não há como delas se furtar ou prevenir, pois, para os humanos, viver "significa sempre viver entre os homens" (Arendt, 2005: 190). É precisamente junto aos outros que se faz possível o nosso aparecimento no mundo enquanto seres únicos e singulares, de modo que a tentativa de separação, de isolamento do outro – e do mundo – é antes um indício do sofrimento ou algo que o intensifica, do que uma possível forma de o mitigar. Nossa existência, nosso aparecimento no mundo, demanda ao outro que reconheça e confirme nossa identidade como íntegra e distinta. Dependemos inteiramente de outras pessoas: "o grande milagre salvador da companhia para os homens solitários é que os 'integra' novamente; poupa-os do diálogo do pensamento no qual permanecem sempre equívocos, e restabelece-lhes a identidade que lhes permite falar com a voz única da pessoa impermutável" (Arendt, 2012: 636).

Logo, se buscássemos porventura compor uma intriga, uma história una, a partir de Drummond e Machado de Assis acerca do que cabe ao si e ao outro na experiência do viver juntos, teríamos como síntese algo próximo da seguinte proposição: uma existência provida de algum grau de consolo parece emergir do equilíbrio sutil entre a falta dos outros – e do mundo – e a falta de si.

* * *

Ricœur (2021) inicia o exame dos fenômenos do sofrimento que se estendem sobre o eixo *si-outros* assinalando uma condição que expõe um paradoxo. No sofrer há, por um lado, uma intensificação do si a partir de um movimento de *dobrar-se sobre si-mesmo*. O si é intensificado no sentimento vivo de existir: "Eu sofro – eu sou" (2021: 17; tradução nossa), indicando o sofrer como constitutivo da identidade narrativa por meio da qual o sujeito se afirma. Por outro lado, aponta o autor, há uma intensificação no relacionamento com os outros que ocorre de modo negativo: "como uma crise de alteridade que pode ser resumida pelo termo separação" (2021: 17). Vejamos como cada uma delas opera.

A intensificação do si que ocorre no sofrimento compreende um processo de *suspensão da dimensão representativa* que torna ainda mais acentuada e tangível a dobra que o sujeito faz sobre si-mesmo. Para aquele que sofre, o mundo apaga-se como horizonte de representação: "o mundo não mais aparece como habitável, mas como despovoado" (Ricœur, 2021: 17; tradução nossa). "Não sei o que fazer. Estou presa num vácuo" (Falzetta, 2017): é assim que a professora de ciências Kelly, afastada das salas de aula de uma escola estadual na periferia de Sorocaba (SP), descreve sua situação após ter enfrentado sucessivos problemas de saúde decorrentes de situações vivenciadas em seu ofício.

Observamos que a experiência de apagamento do mundo como horizonte de representação faz-se presente, de distintas formas, em grande parte dos fenômenos do sofrimento docente. Essa condição, por sua vez, parece guardar profunda vinculação com o *processo de precarização* que hoje acomete o ofício docente nos mais diferentes sentidos e aspectos. À precariedade dos recursos materiais e econômicos de que dispõe o ensino – reiteradamente discutida e denunciada por professores, investigações acadêmicas e mesmo pelos discursos sócio midiáticos –, soma-se, como afirmado, a *precarização simbólica do ofício docente*: sua desvalorização, desautorização e deslegitimação. Ambas, operando de forma conjunta e articulada, afetam o modo como o professor relaciona-se com o outro – e com o mundo – e lançam-no com frequência em uma condição semelhante à da solidão (*loneliness*), na qual a experiência de pertencimento ao mundo comum é sistematicamente esvaziada.

A solidão, no sentido examinado por Arendt, como uma condição de abandono e desamparo, não se confunde com o isolamento (*isolation*), no qual nos encontramos sem a companhia dos outros (como quando nos isolamos para escrever um trabalho), mas em contato com o mundo. Tampouco se confunde com o "estar só" (*solitude*), como quando se está na companhia de si mesmo, por exemplo, em um ato reflexivo. A solidão, como destaca Neto (2008: 245), implica a "experiência de um colapso do mundo" na qual me afasto tanto do mundo como de mim mesmo:

> Posso estar isolado – isto é, numa situação em que não posso agir porque não há ninguém para agir comigo – sem que esteja solitário; e posso estar solitário – isto é, numa situação em que, como pessoa, me sinto completamente abandonado por toda companhia humana – sem estar isolado. (Arendt, 2012: 633)

Ainda que em grande parte dos casos ambas as dimensões da precariedade se confundam e sobreponham, buscaremos, como exercício analítico, examiná-las neste ponto a partir das especificidades que cada uma delas comporta.

A precariedade dos recursos, da remuneração docente e das estruturas escolares impõem a muitos professores uma rotina como a de Marcela, professora na rede pública estadual de São Paulo.

> Há seis anos, Marcela Carvalho é professora de história, geografia, filosofia e sociologia em cinco escolas públicas estaduais. No total, ela possui 19 turmas nas escolas, com 555 alunos e precisa corrigir 1.500 provas e trabalhos por bimestre.
>
> Além de dar aulas, Marcela também tem outro trabalho para complementar a renda mensal. Ela faz entregas de comidas aos finais de semana em uma motocicleta que comprou usada. Com o "bico" como entregadora, ela consegue ganhar em média R$ 60 por dia.
>
> O dia de Marcela começa às 6h e termina às 23h. Além de se dividir entre cinco escolas diferentes para lecionar, ela ainda precisa encarar a distância entre as instituições. A professora percorre cerca de 80 quilômetros de segunda a sexta.
>
> [...]

> Marcela trabalha como professora concursada em duas das cinco escolas que leciona. Nas outras três, ela é professora substituta. Em média, a hora/aula é de R$ 12,14. No final do mês, a renda de Marcela como professora não chega a R$ 3 mil líquido. (*Profissão Repórter*, 2019)

Assinalando questões semelhantes àquelas vivenciadas por Marcela, encontramos depoimentos como os das professoras Ana e Iêda, que relatam a necessidade de se afastarem temporariamente das salas de aula e de fazerem uso de medicamentos para conseguirem dar continuidade ao seu trabalho. Ana afirma ter desenvolvido problemas de ansiedade, síndrome do pânico e depressão: "O trabalho do professor é pesado. Não é só ali no momento na classe. É na casa preparando aula, com a parte burocrática, preocupada com o desenvolvimento do aluno, dos problemas que eles trazem de casa. E no meu caso isso tudo era multiplicado por dez horários de aula que eu tinha na época" (Calixto, 2019). Iêda, professora no ensino fundamental II, ensino médio e EJA no Distrito Federal, faz uso de medicamentos para controlar a ansiedade causada pelas condições de trabalho: "Trabalho em três escolas e raramente consigo fazer todas as refeições ou praticar atividades físicas. Além disso, levo muito trabalho para casa e fico sem tempo para nada" (Seixas, 2019). Os baixos salários impõem aos professores a necessidade de assumirem uma grande carga de trabalho, como relata um professor de 42 anos da rede pública municipal de São Paulo, readaptado em razão de uma depressão: "Como o salário é muito baixo, fui assumindo mais aulas para complementar a renda. E as condições precárias desse trabalho, principalmente em salas lotadas e com problemas de indisciplina, colaboraram para o agravamento" (Cardoso, 2019).

Com a apresentação dos relatos desses professores não pretendo estabelecer uma relação de causalidade ou determinação entre a precariedade material em meio a qual eles exercem o seu ofício

O *sofrimento docente*

e o sofrimento que vivenciam, ainda que sejam todas elas situações bastante graves e prementes. Como tem sido argumentado no decorrer deste livro, no âmbito dos assuntos humanos o teste da causalidade, "a previsibilidade do efeito se todas as causas forem conhecidas" (Arendt, 2014: 189), não pode ser aplicado de forma irrestrita. Ainda que seja sempre condicionada, a existência humana não é jamais determinada de forma inequívoca pelas condições e circunstâncias de seu entorno. Pretendo, antes, examinar o modo pelo qual a precariedade material do ofício docente pode inserir-se em um movimento de apagamento do mundo como horizonte de representação e, assim, participar daquilo que faz sofrer um sujeito.

Da distinção arendtiana entre as principais atividades da *vita activa* – trabalho, obra, ação – e da análise do modo como elas parecem operar no ofício docente, desdobra-se a proposição de que haveria uma vinculação entre o sofrimento vivenciado pelos professores e o espraiamento da lógica do trabalho e da fabricação em um contexto de produção fabril sobre as distintas atividades do educar. À compreensão da educação como uma atividade fabricadora – sustentada pelo discurso de tecnicização do ensino –, somam-se os constrangimentos decorrentes da precariedade dos recursos de que dispõem os professores em seu cotidiano, de modo que as atividades da docência passam a operar essencialmente a partir da lógica do *trabalho*. As condições do ofício docente, dessa forma, não mais parecem favorecer a ação, o aparecimento do professor como um alguém em sua práxis. O esforço da sobrevivência – aquele orientado à satisfação das necessidades – passa a ocupar quase todo o tempo da existência: "o trabalho não espera; *o tempo define a restrição que pesa sobre a própria identidade do trabalhador*" (Rancière, 2022: 29; grifos nossos).

O tempo do trabalho é aquele do instante, da urgência, da impermanência. É o tempo que parece devorar não apenas os sujeitos e os objetos, mas também a si próprio enquanto tempo. O tempo do trabalho não guarda em si o passado tampouco o futuro. É apenas um instante, sem lembranças ou expectativas. Assim, seja em razão das amarras impostas pelo tecnicismo, seja pela urgência das atividades que deve realizar, restaria apenas ao professor "cuidar da manutenção das várias máquinas burocráticas gigantescas, cujos processos consomem os seus serviços e devoram os seus produtos tão rápida e impiedosamente quanto o processo biológico da vida infindável e repetitiva atividade do trabalho" (Arendt, 2015: 114).

Destrói-se, nessa lógica, a forma mais elementar de criatividade humana, "que é a capacidade de acrescentar algo de si mesmo ao mundo ao redor" (Arendt, 2012: 634). Em um mundo cujos principais valores são ditados pelo trabalho, isto é, onde as atividades humanas se resumem a trabalhar, a única coisa que sobrevive é o mero esforço do trabalho,

> que é o esforço de se manter vivo, e desaparece a relação com o mundo como criação do homem. O homem isolado que perdeu o seu lugar no terreno político da ação é também abandonado pelo mundo das coisas, quando já não é reconhecido como *homo faber*, mas tratado como *animal laborans* cujo necessário "metabolismo com a natureza" não é do interesse de ninguém. É aí que o isolamento se torna solidão. (Arendt, 2012: 634)

Em face do desequilíbrio da incidência de cada uma das atividades humanas no educar, bem como do embaralhamento dos princípios que regem cada uma delas, o ofício docente transforma-se para os professores em uma espécie de pequeno "mundo instável, em movimento incessante, fútil, alheio a eles, onde ninguém merece confiança e não se pode contar com a permanência de coisa alguma" (Neto, 2008: 256). A *urgência* imposta pela precariedade acaba por lançar os professores a uma condição na qual se veem absorvidos pelo processo cíclico de produção e consumo. Nessa condição, parte importante de seu esforço dissipa-se na satisfação de necessidades que visam à "manutenção vital" do mecanismo educacional. Passa, então, "a imperar aquele tipo de vida organizada que automaticamente se estabelece entre homens que se relacionam ainda uns aos outros, mas sem relação com o mundo comum enquanto artifício humano não natural e palco da ação e do discurso de homens plurais" (Neto, 2008: 256); o mundo começa a desvanecer enquanto horizonte de representação.

Ainda, sob a presença avassaladora da lógica do trabalho e do consumo, não há espaço para a pluralidade dos sujeitos, mas para a uniformidade. O predomínio do trabalho sobre as demais atividades da *vita activa* não apenas afeta a durabilidade do mundo como artifício humano, mas também anula progressivamente a identidade e a distinção dos homens (Neto, 2008). Com o desaparecimento do mundo comum, desaparece também "o palco da ação e do discurso, da teia dos assuntos e relações humanos e das estórias por eles engendradas" (Arendt, 2019: 252), o espaço onde cada sujeito pode revelar ativamente sua identidade pessoal única. A mesa que se interpõe aos sujeitos – o mundo comum – não apenas permite que eles se relacionem entre si, mas também que se separem, que se distingam enquanto seres únicos e singulares (Arendt, 2019).

No que tange ao sofrimento relacionado à *precariedade simbólica do ofício docente*, a experiência de rompimento com o mundo, de desaparecimento do mundo como horizonte de representação, parece se vincular ao apagamento de um lugar de distinção atribuído ao professor em nossa sociedade, isto é, um lugar desde o qual o sujeito possa aparecer no mundo e ser reconhecido pelos outros enquanto um *alguém*; enquanto um sujeito de quem se espera que acrescente algo de si ao mundo e, sobretudo, àqueles com quem interage. É como se dentre os personagens que compõem a narrativa contada pela e sobre a nossa sociedade, não houvesse mais o professor.

A ausência de um lugar simbólico junto aos outros faz com que a identidade docente seja hoje particularmente aberta, capaz tanto de renovação quanto de perda de referência (Pechberty, 2003). Essa condição é sentida pelos professores como uma forma de desvalorização, desrespeito, desautorização que lhes impõe um esforço cotidiano "para que seu lugar permaneça inteiro, antes de vazio. Há diariamente um exercício severo de restituir um lugar discursivo apagado pelo escárnio, pelo desinteresse ou pela indiferença de uma parcela de alunos, bem como de boa parte das políticas institucionais que os orientam" (Pereira, 2008: 20-21).

"Com o tempo, você vai vendo as coisas. É salário, é desrespeito, você sendo massacrado pelo governo, pela sociedade, pelos pais, pelos alunos" (Giammei e Pollo, 2019), relata Alba, professora de Filosofia hoje readaptada na rede estadual de São Paulo. Em outro depoimento, uma professora de 48 anos da rede municipal de São Paulo, afastada das salas de aula e em readaptação, relata o modo como a família de seus alunos parecia deslegitimar as suas ações: "Quando chamava os pais para conversar, eles faziam muita chacota. 'Ah, eu morri de rir do seu bilhete'. Fiquei irritada, porque o bilhete dizia que o neto da pessoa tinha batido em um coleguinha" (Cardoso, 2019). Desprovidos de um lugar simbólico junto aos outros, os professores veem-se sós, o outro já não mais lhes aparece como figura fiável, capaz de atestar e legitimar os contornos de um lugar distintivo que possam ocupar enquanto sujeitos.

A ausência de um lugar no tecido simbólico que compõe uma sociedade consiste no movimento inicial dos processos que lançam os sujeitos às condições de desarraigamento e superfluidade; condições essas intimamente relacionadas com a solidão. "Não ter raízes significa não ter no mundo um lugar reconhecido e garantido pelos outros; ser supérfluo significa não pertencer ao mundo de forma alguma" (Arendt, 2012: 634). "É uma desvalorização financeira, a postura dos governos, e passa a ser também da sociedade, dos alunos que não respeitam, uma bola de neve mesmo. Não tem apoio de nenhum lado" (Fogliatto, 2018), relata a professora Bianca, de Porto Alegre, afastada das salas de aula em razão de crises de ansiedade e pânico. Bianca, ainda que esteja "entre-outros" em seu ofício, sente-se abandonada, desamparada por todos os lados. Solidão, diz Arendt, não é estar só, "quem está desacompanhado está só, enquanto a solidão se manifesta mais nitidamente na companhia de outras pessoas" (2012: 635).

Desprovido de um lugar com contornos que o distingam enquanto um alguém, o professor torna-se alvo constante de desconfianças das mais distintas ordens. "É como se eu fosse uma marginal, é como se eu tivesse cometido um crime. E eu não cometi crime nenhum. Eu fiquei doente na sala de aula" (Giammei e Pollo, 2019), conta Ana Célia, professora de Língua Portuguesa e Literatura nas redes municipal e estadual de São Paulo, diagnosticada com depressão e há sete anos readaptada em funções administrativas em ambas as escolas em que trabalha.

A desconfiança, a desvalorização, a desautorização e todas as demais condições decorrentes da precarização material e simbólica do ofício docente afetam diretamente a possibilidade de o professor fazer-se agente em sua práxis; o exercício de suas capacidades enquanto agente humano é mitigado pela ausência do reconhecimento do outro. E isso porque, como discorreremos mais adiante, a capacidade humana de acrescentar algo de si mesmo ao mundo é constituída por duas faces: por um lado há um movimento no qual o próprio agente se apropria de suas capacidades e, por outro, uma demanda de reconhecimento orientada aos outros para que àquilo que seria apenas uma condição pessoal seja atribuído um estatuto social (Ricœur, 2005). Parece-nos ser esse um dos pontos em que os eixos *si-outros* e *agir-padecer* se cruzam.

Marise, professora de Língua Portuguesa da rede municipal do Rio de Janeiro, costumava dizer que não se via fora da sala de aula, exercendo outra profissão. A professora, contudo, precisou ser afastada de seu ambiente de trabalho ao ser diagnosticada com depressão. "Vai passando o tempo, e esse desgaste te causa tristeza e medo. Eu morava perto da escola, ouvia piadas diárias sobre minha situação. A sensação é muito ruim. Você faz o melhor para um grupo que não te dá o menor valor" (Capetti, 2019). Em depoimento semelhante, a professora Mônica relata ter adoecido e se afastado da escola onde lecionava após ter perdido o prazer e a capacidade de lecionar. "Eu preparava as aulas com carinho, disposta a ensinar o melhor. Mas os alunos não queriam, chegaram ao ponto de colocar as cadeiras de costas para o quadro negro" (Capetti, 2019).

A despeito da recorrência e cotidianidade de frases como "o grupo não te dá o menor valor" ou "colocavam as cadeiras de costas para o quadro negro", tais acontecimentos participam de forma contundente do apagamento do mundo como horizonte de representação, acrescentando traços e contornos ao cenário desértico da experiência de não mais ter no mundo um lugar reconhecido e garantido pelos outros, de não mais se sentir pertencente a ele. Arendt (2012) afirma que o que torna a solidão insuportável é a perda do próprio *eu*. Ainda que o *eu* possa permanecer presente no isolamento, a sua identidade só é confirmada pela companhia confiante e fidedigna dos seus iguais. Nessa situação, o ser humano "perde a confiança em si mesmo como parceiro dos próprios pensamentos e perde aquela confiança elementar no mundo que é necessária para que se possa ter quaisquer experiências. *O eu e o mundo, a capacidade de pensar e de sentir, perdem-se ao mesmo tempo*" (Arendt, 2012: 637; grifos nossos). Após vivenciar uma série de situações que lhe causavam sofrimento, foi assim que a professora Mônica se sentiu ao adentrar a escola, ela e o mundo perdiam-se a um só tempo. "Cheguei lá um dia e não queria mais voltar. Fiquei sem rumo. Hoje, não sei mais o que fazer da minha vida" (Capetti, 2019). Não parece possível ao *si* passar incólume ao desaparecimento do outro e da mesa que nos congrega e nos separa: a alienação do mundo, o desarraigamento, a superfluidade são pagas "com o preço da própria identidade" (Correia, 2013: 204).

E neste ponto, pergunto acerca da docência: em meio a tal sorte de circunstâncias, se o professor não se sente mais entre pares humanos, como poderia desejar apresentá-los aos alunos? Como poderia narrar o legado humano, as estórias e rastros deixados pelos homens e mulheres em suas passagens pela Terra? Ou ainda, como transmitir aos alunos *marcas simbólicas de pertencimento* (Lajonquière, 2010) a um mundo humano do qual ele não mais se sente parte? Diante do retraimento sistemático de um lugar distintivo junto aos outros, o professor transforma-se em um sujeito que "já não partilha o mundo com os jovens e já não pode mais cuidar de si mesmo, ou seja, um professor que deixa, absolutamente, de ser um professor" (Masschelein e Simons, 2018: 146). O educar não é possível em uma condição semelhante à solidão.

* * *

Ao examinar os fenômenos do sofrimento que se estendem sobre o eixo si-outros Ricœur (2021) assinala também a intensificação que se opera no relacionamento com os outros. Isso ocorre, contudo, de modo negativo, como uma crise de alteridade que pode ser resumida pelo termo *separação* (Ricœur, 2021). Como modo de esclarecer a compreensão acerca desse processo no sofrimento, o autor propõe o exame do que ele nomeia como *figuras da separação*.

Parece-me possível observar a incidência dessas figuras de separação, nos seus distintos graus, em parte importante dos fenômenos do sofrimento docente. Tais figuras, assim como o processo de apagamento do mundo como horizonte de representação e a condição de solidão que dele decorre, criam suas raízes e espraiam-se sobre o mesmo solo: aquele da precariedade material e simbólica do ofício docente.

Antes de apresentarmos as figuras da separação propostas por Ricœur (2021), julgo importante acrescentar uma nuance – ou ao menos um questionamento – à alteração que, no sofrer, opera-se entre o si e o outro. De que *outro* estamos tratando? Que *outro* é esse com quem a relação é intensificada, porém em um movimento de separação? Proponho cindi-lo em dois. No sofrer, o outro com quem a relação é intensificada é um outro que me aparece como irreconhecível, ininteligível, incompatível, irreconciliável. Com ele não mais sou capaz de compartilhar a linguagem, a experiência, a ação, visto que entre nós não há mais do que ruínas de um mundo comum. Perde-se toda sorte de elemento mediador. Parece ser esse o outro com quem, no sofrer, o sujeito relaciona-se de forma intensa. Por sua vez, o outro de quem me separo é justamente aquele com quem partilho o mundo comum, aquele em quem *suponho um alguém* capaz de compreender e interpretar o meu aparecimento, capaz de afetar-se por aquilo que faço emergir no mundo por meio de atos e palavras. É desse outro que, no sofrer, encontramo-nos separados, em distintos graus de intensidade – como ocorre nas figuras da separação propostas por Ricœur (2021).

No grau mais baixo do sofrimento, aponta o autor, impõe-se a experiência viva do insubstituível; diferente de qualquer outro, aquele que sofre é único: *vazio do sofrer*. O que vivencio é absolutamente distinto daquilo que vivenciam os outros; ao tornar-me coincidente com o sofrimento, me distingo dos outros em razão do meu sofrer. Essa unicidade e distinção sentidas pelo sujeito parece ser um dos efeitos iniciais do movimento de desarraigamento do mundo: nesse primeiro nível do sofrer algo dos laços que vinculam o sujeito com o mundo e com o outro – enquanto alguém com quem compartilha a condição humana e mundana – começa a desvanecer. Na experiência da absoluta unicidade, o sujeito sente-se incapaz de ocupar um lugar reconhecido e garantido pelos outros. Impõe-se a figura do *outro-irreconhecível*, com quem o sentido da experiência de viver juntos é esvaziado. "O pouco interesse, a bagunça, a conversa, o desrespeito. E quando você chama o pai ele diz que não pode fazer nada. Eu comecei a sentir uma angústia e me perguntei o que estou fazendo aqui?" (G1, 2012), relata a professora Elaine, afastada das salas de aula com um diagnóstico de depressão, após 22 anos lecionando em escolas públicas no Estado de São Paulo.

No nível seguinte do sofrimento – que parece já habitar potencialmente o primeiro –, esboça-se a experiência viva do incomunicável; o outro já não pode me entender ou me ajudar; entre o si e o outro, a barreira é intransponível: *solidão do sofrer* (Ricœur, 2021). Nesse nível, a unicidade do sofrimento torna-se ainda mais profunda, de modo que o sujeito perde a capacidade de comunicá-lo: o outro não mais lhe aparece como um interlocutor. O sujeito passa a estar completamente só com o seu sofrimento, que, então, confunde-se com o si. O sujeito, desse modo, não perde apenas a capacidade de dizer aquilo que sente e vivencia, mas a capacidade de *se dizer*. Tal sentimento faz-se presente com frequência nos relatos dos professores que se sentem ignorados e incompreendidos pelos colegas, coordenadores, gestores, governantes, bem como – e sobretudo – pelos alunos e suas famílias. Todos esses personagens com quem os professores convivem em seu ofício tornam-se um *outro-ininteligível*, incapazes de entendê-los ou ajudá-los.

Já em um grau mais agudo do sofrer, o outro anuncia-se como meu inimigo, torna-se justamente aquele que me faz sofrer (insultos, calúnias etc.): *ferida do sofrer* (Ricœur, 2021). "Foram tantas situações que eu enfrentei, desde dedo na minha cara, chute na porta, até ameaça de que eu ia morrer na saída. Pai de aluno ameaçando me matar, na cara de policiais. É tanta coisa, que a gente vai adoecendo" (Giammei e Pollo, 2019), relata Ana, 56 anos, professora de Língua Portuguesa e Literatura nas redes municipal e estadual de São Paulo. Após diversos afastamentos em decorrência dos diagnósticos de depressão, síndrome do pânico e transtorno bipolar, Ana não pôde mais voltar à sala de aula e está há sete anos readaptada em funções administrativas em ambas as escolas em que trabalha.

"Eu conseguia encantar os alunos e agora eu não me encanto" (Cardoso, 2019), diz outra professora de 48 anos, afastada das salas e em readaptação, em razão dos diagnósticos de síndrome do pânico e depressão. "Gaguejar numa sala de aula, ter pavor de aluno, não querer que uma criança de quatro anos te abrace. Isso não é normal, a voz doía na alma", relata. Sandra, professora de Português, 52 anos, em depoimento semelhante, relata ter adoecido em razão das brigas constantes com a direção da escola e problemas com os alunos. "Já aumentei a dose do remédio, mas não consigo ver aluno na minha frente" (Toledo e Vieira, 2016), afirma a docente. O outro torna-se, definitivamente, um *outro-incompatível*.

Por fim, no mais alto grau do sofrer, há o sentimento fantasiado de ser escolhido para o sofrimento. É como uma maldição, uma eleição ao contrário de onde emergem os questionamentos: por que eu? Por que meu filho? *Inferno do sofrer* (Ricœur, 2021). O outro – assim como o mundo – se apresenta agora como um *outro-irreconciliável*. Impõe-se ao sujeito o suportar de um sofrimento que além de revelar-se aos seus olhos como insubstituível, incomunicável e hostil, diz tê-lo *escolhido* dentre tantos outros. Fui deliberadamente escolhido como vítima da violência, do desprezo, do escárnio, da desvalorização, dos alunos, dos familiares, dos coordenadores, da sociedade. É justamente a mim que escolheram e isso me lança em um abismo de onde parece impossível a saída.

UMA RUPTURA DO FIO NARRATIVO

> *O si do conhecimento de si*
> *é o fruto de uma vida examinada,*
> *segundo a frase de Sócrates na Apologia.*
> *Ora, uma vida examinada é,*
> *em ampla medida,*
> *uma vida depurada, explicada pelos efeitos*
> *catárticos das narrativas.*
>
> Paul Ricœur

O segundo eixo proposto por Ricœur (2021) para o exame dos fenômenos do sofrer é o do *agir-padecer*. Esse eixo estrutura-se a partir do pressuposto de que apenas aqueles que agem podem também sofrer (Ricœur, 2021: 15, tradução nossa) e adota a diminuição do poder de agir como critério do sofrer. Ao estabelecer essa vinculação entre o agir e o padecer, Ricœur (2021) propõe a interpretação dos fenômenos do sofrer a partir da mesma grelha de leitura utilizada por ele em *O si-mesmo como outro*, em que desenvolve uma *tipologia do agir*. Nessa obra, o autor distingue quatro capacidades humanas, a saber: de dizer, de fazer, de (se) contar e de imputar-se moralmente. Assim, no lado do sofrer, corresponderiam a essas categorias todas as feridas que afetam o *poder dizer, o poder fazer, o poder (se) contar e o poder estimar a si mesmo como agente moral* (Ricœur, 2021). Em cada um desses níveis, por sua vez, incide também o paradoxo do *si intensificado* e do *si separado do outro*, de forma a compor uma matriz de dupla entrada, construída sobre os eixos *agir-padecer* e *si-outros*.

Ricœur, em seu texto "Devenir capable, être reconnu" (2005), discorre brevemente acerca de cada uma das capacidades do agente humano e lança luz, com a escolha do título, ao duplo aspecto que as constituem. Em consonância com o desenvolvido nestas páginas a partir de Arendt e de escritos da psicanálise, Ricœur, com o título em tradução livre como *tornar-se capaz, ser reconheci-do*, refere-se por um lado às capacidades que um agente atribui a si mesmo e, por outro, à demanda que um agente faz aos outros para que àquilo que seria apenas uma *condição pessoal* seja atribuído um *estatuto social*.

Sobre a "capacidade de dizer" [*capacité de dire*], Ricœur (2005) assinala o fato de ser ela algo muito mais específico do que o "dom geral da linguagem", que se exprime na pluralidade das línguas, com suas diferentes morfologias, léxicos, sintaxes e retóricas. Poder dizer é "produzir espontaneamente um discurso provido de senti-do [*discours sensé*]" (Ricœur, 2005: 126; tradução nossa). E é esse "sentido", de que se reveste a capacidade de dizer, que convoca o outro, que acrescenta o *social – être reconnu –* ao que seria uma *condição individual – devenir capable*. Ao falar, *alguém* diz *algo* a outro *alguém*. Há sentido, há referência ao mundo comum e há um destinatário. Destinatário esse, suposto como ser capaz de res-ponder, de questionar, de criar um diálogo com aquele que fala (Ricœur, 2005).

Por "capacidade de agir" [*capacité d'agir*] Ricœur (2005) com-preende a capacidade humana de produzir eventos na sociedade e na natureza. Tal capacidade consiste em um tipo de intervenção que transforma a própria noção de evento, visto que introduz a con-tingência, a incerteza e a imprevisibilidade no curso das coisas; um evento não é mais apenas aquilo que acontece pontualmente. Ainda, a partir da capacidade de agir não se faz possível compreender um evento como sendo *causado* por uma ação, mas antes *motivado* por ela. De modo semelhante à fala, a ação está também orientada ao outro, ela ocorre junto a outros agentes que podem interferir em seu aparecimento e em seu curso, que podem de algum modo ajudá-la ou impedi-la (Ricœur, 2005).

Vimos, nos capítulos anteriores, como a tecnicização do ensino – e a redução da educação a uma atividade fabril que se assemelha ao trabalho (*labor*) – impõe constrangimentos às capacidades do professor enquanto agente humano e participa de forma profunda dos fenômenos do sofrer relacionados, sobretudo, à *impotência do dizer* e à *impotência do fazer*. Essa condição de impotência, por sua vez, não decorre apenas das limitações concretas impostas pela autonomia e centralidade da dimensão técnica e metodológica do ensino, hoje frequentemente advogadas pelo discurso pedagógico. A impotência do dizer e do fazer está também relacionada com o processo de precarização simbólica do ofício docente. A ausência de um lugar simbólico junto aos outros mitiga a possibilidade de ação e a enunciação do professor, visto que "aquele que recusamos contar como pertencente à comunidade política, recusamos primeiramente ouvi-lo como ser falante. Ouvimos apenas ruído no que ele diz" (Rancière, 1996: 373).

Examinarei de forma conjunta o modo como a impotência do fazer e do dizer relacionam-se com os fenômenos do sofrimento docente, considerando a íntima relação entre ação e discurso na possibilidade de revelação de um *alguém* no mundo: a "revelação de quem alguém é está implícita tanto em suas palavras quanto em seus feitos" (Arendt, 2015: 221). Além do fato de que grande parte dos atos, senão a maioria deles, seja realizada na forma de discurso, uma ação muda perderia

> não só o seu caráter revelador, como, e pelo mesmo motivo, o seu sujeito, por assim dizer: em lugar de homens que agem teríamos robôs executores a realizar coisas que permaneceriam humanamente incompreensíveis. A ação muda deixaria de ser ação, pois não haveria mais um ator; e o ator, realizador de feitos, só é possível se for, ao mesmo tempo, o pronunciador de palavras. (Arendt, 2015: 221)

O grau inicial de diminuição da potência do fazer e do dizer docentes parece decorrer da tentativa de redução da possibilidade de o professor acrescentar algo de si, algo da sua experiência,

Uma fenomenologia do sofrimento docente

àquilo que professa em seu ofício. O professor, impelido à reprodução de enunciados vazios e anônimos, resultantes da aplicação estrita de procedimentos e métodos educativos supostamente fundados em dados científicos ou, ainda, premido pelo crivo dos gestores e familiares de seus alunos que com frequência põem em questionamento a validade e legitimidade de seus atos e palavras, vê minguar a cada dia a possibilidade de exercício de suas capacidades enquanto agente em seu ofício. "O clima com os superiores é de desconfiança e há muitas exigências com relação a atividades burocráticas. Além disso, os docentes *não têm liberdade na sala de aula* e muitos são perseguidos quando tocam em temas considerados polêmicos" (Teixeira, 2018), relata Eliane, professora no ensino fundamental II e médio em Recife. Luiz Antônio, professor de Língua Portuguesa há mais de 20 anos na rede privada de ensino da cidade de São Paulo, assinala a relação de desrespeito e desconfiança sentida da parte das famílias dos alunos. "Tem uma interferência muito grande da família, que *tira a nossa autonomia*. Não gostam quando chamamos atenção do filho, questionam o conteúdo. Não entendem que estudamos e temos formação para ensinar não só a disciplina, mas como conviver dentro da escola" (Palhares, 2018).

Bourdieu (2004) apresenta em sua obra *Coisas ditas* uma forma de interpretação do conceito de *auctoritas* que parece acrescentar nuances interessantes a este ponto de nossa reflexão. Segundo o autor, a tradição medieval sustentava uma distinção entre *auctor*, enquanto sujeito revestido de *auctoritas*, a quem é possível e permitido a produção de um discurso novo, e *lector*, entendido como um comentador, como um sujeito a quem restaria apenas a possibilidade da menção a um discurso já estabelecido.

> Essa distinção equivale, na divisão do trabalho intelectual, à distinção entre o profeta e o padre na divisão do trabalho religioso. O profeta é um *auctor* que é filho de suas obras, alguém

que não tem outra legitimidade, outra *auctoritas*, além de sua própria pessoa (seu carisma) e de sua prática de *auctor*, alguém que é, portanto, o *auctor* de sua própria *auctoritas*. O padre, ao contrário, é um *lector*, detentor de uma legitimidade que lhe é delegada pelo corpo de *lectores*, pela Igreja, e que está fundada em última análise na *auctoritas* do *auctor* original, a quem os *lectores* ao menos simulam referir-se. (Bourdieu, 2004: 135; grifos nossos)

Bourdieu (2004) menciona ainda o caso daqueles sujeitos considerados sábios ou que dispunham de certo prestígio junto ao grupo social:

os poetas profissionais, que as pessoas chamam de sábios, *imusnawen*, empenham-se em se apropriar dos ditados que são conhecidos de todo mundo operando ligeiros *deslocamentos de som e sentido*. [...] e os pré-socráticos – Empédocles, por exemplo – fazem um trabalho semelhante com a linguagem, *renovando por completo o sentido de um ditado ou de um verso* de Homero, ao *fazer com que o sentido mais frequente da palavra phôs – luz, brilho – deslize sutilmente para um sentido mais raro*, geralmente mais arcaico – o mortal, o homem. (Bourdieu, 2004: 137; grifos nossos)

Distintamente daquilo que operavam os sábios ou os sujeitos revestidos de *auctoritas* na tradição medieval, parece não mais haver na enunciação docente espaço para os deslizamentos e a metaforização dos sentidos que decorrem da singularidade daquele que enuncia; *não deve haver no vaso o menor traço das mãos do oleiro*. Os professores, hoje essencialmente reduzidos a *lectores* daquilo que propõe o *discurso oficial* – reificado nos currículos, nas apostilas e prescrições pedagógicas –, devem se limitar a comentá-lo, ou mesmo a reproduzi-lo, de modo que nada de si seja acrescido àquilo que ensinam. Assim, a palavra docente, professada desde um lugar simbólico que esvanece a cada dia, parece ter sido transformada em um mero enunciado: vazio, anônimo e impessoal. É justamente tal sorte de enunciado que serve aos interesses das propostas tecnicistas que sonham com uma educação desvinculada da implicação de um alguém na preservação e manutenção do mundo comum.

Já a palavra do sábio, de um *auctor*, é uma *palavra endereçada* (Lajonquière, 2014), há nela um remetente, um destinatário, bem como a história de uma vida junto a outros. Como temos desenvolvido na presente obra, do esvaziamento desse lugar de autoridade reservado ao professor desdobram-se uma série de implicações ao sujeito que professa. Ora, se a palavra endereçada é uma palavra que supõe um sujeito, um alguém, em seu destinatário, não parece possível imaginar que este último – neste caso, o aluno – não seja também afetado pelo apagamento do lugar de enunciação docente. Há, de algum modo, uma ruptura, uma alteração no círculo do endereçamento. E isso porque vemos na palavra de um *lector*, de um sujeito desprovido de *auctoritas*, ser mitigada a capacidade de operar aquilo que parece ser o efeito primordial de uma palavra endereçada: a capacidade de *afetar aquele a quem se endereça.*

Essa reflexão remete-nos àquela desenvolvida por Lacan (2009) acerca do que ele nomeia como *palavra plena.* Segundo o autor, cada vez que um sujeito se endereça a outro de maneira autêntica e plena, "há, no sentido próprio, transferência, transferência simbólica – alguma coisa se passa que *muda a natureza dos dois seres em presença*" (2009: 149; grifos nossos). A palavra plena, diz Lacan, é palavra que faz ato: a partir dela, o sujeito "encontra, depois, outro que não o que era antes" (2009: 147). É a palavra plena capaz de operar transformações, de fundar um antes e um depois. Essa forma de endereçamento parece guardar importantes semelhanças com aquilo que se passa no laço educativo. É pressuposto – ou ao menos é desejável – que, em maior ou menor medida, os sujeitos saiam mudados do encontro educativo, que sejam capazes de, a partir desse encontro, sair em visita e mesmo habitar mundos antes estranhos a eles (Ricœur, 1997).

Nesse sentido, faz-se possível afirmar que o valor de uma fala não está precisamente na informação objetiva que ela transmite,

> [...] mas na reverberação do discurso do outro que constitui a fala plena. [...] Na fala, o que importa é o ato de endereçamento ao outro. "Pois, nela, a função da linguagem não é informar, mas evocar" (Lacan, 1953b/1966, p. 299). Falar é sobretudo requisitar a resposta do outro, provocá-lo por um nome que ele assume ou recusa. (Sales, 2004: 53-54)

Lacan opõe a palavra plena – aquela "que realiza a verdade do sujeito" – à palavra vazia, palavra "em que o sujeito se perde nas maquinações do sistema da linguagem, no labirinto dos sistemas de referência que lhe dá o estado cultural em que, mais ou menos, toma parte" (Lacan, 2009: 71). Sobre esse aspecto, Voltolini propõe que visar a uma fala plena, quando pensamos no caso dos docentes, significa "visar a uma palavra que produza abertura, que resista, portanto, à fala vazia típica do discurso politicamente correto, do queixume sobre os problemas práticos do cotidiano escolar" (2018: 85) ou ainda, acrescento, visar a uma palavra que resista à renúncia a um lugar de enunciação sob o pretexto da adequação técnica e metodológica. A fala plena, continua o autor, "privilegia a fala como acontecimento, ou pelo menos visa produzir nela algo da dimensão do acontecimento. Um acontecimento é algo que se opõe à tendência conservadora da percepção, ele recusa a fechar-se sobre seu instante e por isso tende a fazer história" (Voltolini, 2018: 85). Em oposição à fala vazia, que restringe e identifica, uma fala plena permite e propicia ecos, reverberações e modulações a partir daquilo que é dito.

Em um grau mais profundo de impotência do dizer e do fazer, a palavra do professor, inicialmente reduzida a um enunciado abstrato e impessoal, é espoliada de sua condição de *logos*, como na acepção aristotélica, entendida como "razão", "linguagem". Desprovida dessa dimensão, a palavra (*parole*), enquanto signo da humanidade do homem (Rancière, 2018), transforma-se em mero ruído, em emissão sonora (*phoné*) destinada a fins absolutamente limitados. Em face do esvaziamento do lugar simbólico do professor, bem como da soberania da palavra pretendida como oficial – hoje reificada em conhecimentos supostamente técnicos e científicos acerca do educar –, os professores são como os plebeus aos olhos dos patrícios:

> não há por que discutir com os plebeus, pela simples razão de que estes não falam. E não falam porque são seres sem nome, privados de logos, quer dizer, de inscrição simbólica na cidade. Vivem uma vida puramente individual, que não transmite nada a não ser a própria vida, reduzida a sua faculdade reprodutiva. Aquele que não tem nome não pode falar. (Rancière, 2018: 37)

Os sujeitos desprovidos de *logos* não são contados como pertencentes à comunidade política. Submetidos a uma condição de anonimato e silenciamento, tornam-se difusos os contornos que marcam os limites do alguém; contornos sem os quais não mais nos distinguimos tampouco nos relacionamos com os outros. Esses sujeitos transformam-se, então, em seres cuja existência é desprovida da *inscrição simbólica na vida junto aos outros*. Apaga-se o mundo e com ele também os sujeitos.

Há, contudo, nesse processo, uma importante nuance que deve ser aqui assinalada. Ainda que nos fenômenos do sofrer opere-se um deslocamento no eixo *agir-padecer* em direção ao seu segundo termo e uma redução da potência das capacidades de um agente, essa redução não ocorre de forma absolutamente plácida e passiva. Lembremos do sentido primeiro da palavra sofrer – *suportar* – assinalado por Ricœur (2021). Ao padecimento que silencia e conforma, à impotência do dizer e do fazer, o sujeito impõe uma resistência capaz de fazer abrir uma brecha entre a vontade e a impotência. É precisamente nessa brecha em que a vontade de dizer forja o caminho da *queixa* (Ricœur, 2021). A queixa é uma palavra endereçada ao outro como um chamado, como um pedido de ajuda. Ela rompe o silenciamento – o enclausuramento da *phoné* – e demanda ao outro uma escuta enquanto *logos*. É a queixa o chamado de um alguém que reclama ser contado. Há no sofrer uma dimensão enunciativa que diz do *sujeito que sofre*, mas, sobretudo, que diz do *sujeito que resiste*.

Acumulando os efeitos da impotência do dizer e do fazer, chegamos à terceira modalidade do sofrer: a *impotência do (se) contar*, da capacidade de narrar a própria história em seu encadeamento temporal. Segundo Ricœur (2005), a "capacidade de contar" [*capacité de raconter*] ocupa um lugar de destaque entre as demais capacidades humanas na medida em que os acontecimentos, quaisquer que sejam as suas origens, só se tornam legíveis e inteligíveis quando contados em histórias; "a arte milenar de contar histórias, quando aplicada a si mesmo, oferece as narrativas de vida que a história dos historiadores articula" (Ricœur, 2005: 126; tradução nossa). A articulação dessa capacidade com o *outro*, com o *social*, parece se dar de modo ainda mais profundo; ainda que um narrador tenha a intenção de narrar a vida de um único sujeito, uma "narrativa reúne vários protagonistas em uma única intriga; uma história de vida é composta de uma infinidade de outras histórias de vida" (Ricœur, 2005: 127; tradução nossa).

Os danos à função narrativa, propõe Ricœur (2021), afetam diretamente a constituição da identidade pessoal, visto que "o ser humano é um ser que se compreende interpretando-se, e o modo com base no qual ele se interpreta é o modo narrativo" (Ricœur, 2010: 220). Lembremos, assinala Ricœur (2021), que uma vida é a história dessa vida, em busca de narração. Há, portanto, uma equivalência entre quem alguém é e a história de sua vida (Ricœur, 2010).

Ainda que a impotência do contar acumule os efeitos da impotência do dizer e do fazer, e que na organização proposta por Ricœur (2021) em sua análise ela esteja situada no eixo agir-padecer, os desastres da narrativa estendem-se também, com grande intensidade, sobre o eixo si-outros. Segundo Ricœur (2021), diante da redução da capacidade de contar, não apenas a constituição da identidade pessoal é afetada, mas também a relação do si com os outros. A história de cada um está sempre emaranhada na história dos outros: somos, cada um de nós, um segmento da história dos outros. No sofrimento, vemos romper-se não apenas o fio narrativo de uma vida, mas também o tecido inter-narrativo que constitui nossa vida junto a outros.

A compreensão de si por meio da narração considera o sujeito do ponto de vista da temporalidade, tanto do tempo vivido cotidianamente, como da longa duração que é a história de uma vida do nascimento até a morte (Ricœur, 2010). A despeito da fugacidade da revelação de quem alguém é – dada sempre por atos e palavras praticados e proferidas junto aos outros – o tempo do aparecimento do *quem* é aquele do presente, e não do instante. O desvelamento do quem compreende a dialética do triplo presente de Agostinho: em seu aparecimento no *presente do presente* (o tempo da atenção) estão contidos o *presente do passado* (a memória, as estórias) e o *presente do futuro* (a expectativa, as promessas). *Quem alguém é*, portanto, comporta uma identidade que se estende no tempo, uma identidade memorial e promissiva (Ricœur, 2016a). Por essa razão, não é possível a compreensão do si fora da temporalidade, fora da narrativa de sua vida; não há como apreender o *quem* no instante.

A afirmação de que as experiências passadas, os episódios vivenciados e as relações tecidas com os outros participam – de um ou outro modo – da constituição e da revelação da identidade de alguém no momento presente não parece, de início e de modo geral, nos impor grandes questionamentos ou aporias. É sempre possível, ainda que não signifique ser simples, revisitar as páginas anteriores da narrativa de uma vida. Mesmo que em grande parte de nossas memórias haja distorções, supressões e até mesmo invenções, há sempre uma fotografia, uma carta ou alguém capaz de, em alguma medida, *verificar* o vivido. Há certamente um maior grau de concretude no *presente do passado* quando o comparamos com o *presente do futuro*.

Como examinarmos, então, a dimensão promissiva da nossa identidade, essa enraizada no presente do futuro? Como ela se faz presente no tempo da atenção – o presente do presente? De que modo essa dimensão, ou a ausência dela, afeta o aparecimento de um alguém? É neste ponto que intervém o que Ricœur (2010) nomeia como *elemento projetivo da narrativa*. Ainda que não conheçamos o fim da nossa história, visto que a nossa vida não está terminada, a narrativa que contamos sobre nós mesmos guarda íntima relação com o que esperamos ainda da vida: "a única narrativa que nos é acessível é aquela [...] de um 'horizonte de espera'. [...] é a orientação para o futuro, a dialética entre a expectativa e a rememoração, que faz que nos proporcionemos algo com o que nos projetar" (Ricœur, 2010: 221-222). Seguimos avançando, pois, nossos olhos – mesmo que impregnados do passado – miram sempre aquilo que está adiante, ainda fora do campo de visão, esperando atentos que *algo* se aproxime; "o ser humano é fundamentalmente e primeiramente um ser na dianteira de si mesmo" (Ricœur, 2010: 221). Isso que miramos, de modo paradoxal, é justamente o ausente, a falta, o ainda não escrito. Ainda que o esperemos dentro dos limites de uma expectativa enraizada no passado, essa condição de abertura impõe-nos sermos capazes de suportar – e conviver com – o fato de ser o porvir sempre portador do inesperado, do desconhecido, da incerteza.

No caso das narrativas literárias, assinala Ricœur (2010), toda história tem um término. Mesmo que uma narrativa nos proponha um fim em aberto, o livro inevitavelmente tem uma última página, uma última palavra. E esse fim, por vezes, é capaz de reconfigurar, de atribuir novo sentido ao narrado até aquele momento. É neste ponto que se impõe, às sempre abertas narrativas daqueles ainda vivos, um certo conflito, ou no mínimo uma instabilidade. Isso porque a abertura de que dispõem as narrativas em curso guarda em si o par sempre recorrente dos assuntos humanos: a fragilidade e a potência. Fragilidade, pois a abertura, a ausência da última página, nos obriga ao esforço de compreensão do si-presente – bem como daquele do passado – à luz de uma expectativa sempre desconhecida; "há um efeito retroativo da visão do porvir sobre a maneira de reler nosso próprio passado" (Ricœur, 2010: 222). O fato do seu desconhecimento, contudo, não nos exime de tomar rumos e fazer escolhas com base na frágil projeção que fazemos das páginas seguintes de nossa narrativa, tampouco mitiga o modo como elas nos afetam no tempo presente. A fragilidade do elemento projetivo da narrativa, entretanto, é também, e precisamente, a sua potência. O inacabamento da obra, a inexistência das últimas páginas, permite que sejamos *surpreendidos* pela vida. Permite-nos o esforço – ainda que sempre sujeito às fatalidades que podem nos acometer – de alterar o rumo da nossa história.

Ora, se "compreender a si mesmo é ser capaz de contar histórias sobre si mesmo que sejam ao mesmo tempo inteligíveis e aceitáveis, sobretudo aceitáveis" (Ricœur, 2021: 21-22; tradução nossa), o que ocorre quando essa capacidade parece ser reduzida ou duramente afetada pelos acontecimentos de uma vida? Por vezes, a narrativa que contamos sobre nós mesmos torna-se aos nossos olhos ininteligível e inaceitável, sobretudo inaceitável. O sofrimento aparece-nos, então, como uma ruptura do fio narrativo (Ricœur, 2021). O fio se rompe, propõe o autor, em razão de uma concentração extrema, de uma focalização pontual, no tempo do instante. Tempo esse que está arrancado da dialética do triplo presente. O instante é uma interrupção do tempo, uma ruptura da ideia de *duração* que compreende passado, presente e futuro. No sofrer, algo da memória, da expectativa, ou de ambos, é alterado, afetando a compreensão do si e a constituição da identidade pessoal.

O depoimento de Sérgio, professor há 21 anos em Formosa do Oeste, no Paraná, parece desvelar um desequilíbrio da dialética temporal em sua experiência e uma intensificação da lógica do instante. Após vivenciar uma grave situação de violência física dentro da sala de aula, o professor foi afastado de suas funções e passou a fazer um tratamento psiquiátrico, com uso de diversos medicamentos.

> Estou tentando voltar ao normal e normal para mim é a escola. Eu quero voltar a essa rotina e não estou vendo facilidades. Todas as vezes que voltei na escola, eu *não penso em outra coisa*. Eu tenho tantas coisas para fazer na escola, *eu tenho um mundo ali na escola, futuro* para resolver na escola. Mas eu entro na escola e *lembro disso daí*, não consigo pensar em outra coisa. Coloco o pé na escola e *lembro da agressão que sofri*. E isso *estou lutando para apagar. Não quero isso na minha vida*. (*Profissão Repórter*, 2019)

Os acontecimentos por ele vivenciados operam como feridas em sua capacidade de (se) contar. Preso no instante da agressão sofrida, o professor sente-se incapaz de rearticular os demais acontecimentos de sua vida em uma história inteligível e aceitável.

Semelhante situação vive Alba, professora de Filosofia hoje readaptada na rede estadual de São Paulo, que diante dos diversos problemas vivenciados em seu ofício sente-se desaparecer; há em seu sofrimento o sentimento de perda de si mesma. "Você vai se frustrando, *você vai se sentindo realmente um nada* e você se sente diminuindo. Você olha para si mesmo e *quem é você*? Cadê aquela pessoa que lutou para realizar um sonho?" (Giammei e Pollo, 2019). As memórias, estórias e experiências que a levaram ao momento presente e atribuem sentido e inteligibilidade a *quem ela é* parecem desvanecer diante do instante que se lhe apresenta como inaceitável. A professora vê romper o fio de sua narrativa que lhe permitia conferir integridade à sua identidade pessoal.

Cássia, professora de Matemática da rede municipal de ensino em São Paulo, vivencia algo desse *rompimento* ao retornar à escola em uma função readaptada. A professora vê suas expectativas tornarem-se difusas e não sabe mais o que *esperar* de seu trabalho. "Eu não sabia o que seria de mim a partir daquele dia, não sabia o que me esperava. Fiquei pensando o que eu poderia fazer na escola que não fosse dar aula" (Giammei e Pollo, 2019). Uma vez que "a estruturação narrativa permanece sempre em relação com uma capacidade de se projetar na dianteira" (Ricœur, 2010: 222), a professora sente-se perdida ao ver desaparecer o horizonte de expectativas enraizados na narrativa que até então vinha contando sobre si enquanto professora.

Como elucidado a partir de Ricœur (2010), ainda que o futuro sempre guarde algo do imponderável, ele está em diálogo com o passado e com o presente de um sujeito. Desse modo, o aparecimento de um alguém no tempo presente – um sujeito único e singular – só se faz possível na consideração de suas dimensões memorial e promissiva. Não há um alguém arrancado do tempo, não há um alguém fora da narrativa de sua vida. No apagamento de uma das dimensões que compõem *quem alguém é* – a memorial e a promissiva –, vemos operar o que Ricœur (2010) nomeia como um processo de dessimbolização ou, ainda, de desnarrativação.

Em seu texto "A narrativa: seu lugar na psicanálise" (2010), Ricœur examina como o processo de dessimbolização, que é também uma forma de desnarrativização, opera nos processos de sofrimento. Nessas condições, a capacidade de (se) contar é significativamente afetada de modo que "o paciente não é capaz de constituir uma narrativa inteligível e aceitável de sua própria vida. Os sintomas aparecem como fragmentos, migalhas de narrativas não coordenáveis numa narrativa coerente" (Ricœur, 2010: 219). O sujeito depara-se com uma espécie de esfacelamento de suas referências memoriais, bem como de suas construções projetivas.

Em um processo de desnarrativação, a percepção da ruptura entre o passado e o presente torna-se tão agudizada que as estórias vividas parecem não mais serem capazes de atribuir sentido à experiência presente. Há uma desconexão com a dimensão memorial, uma descontinuidade. A dimensão promissiva da identidade é também profundamente afetada, visto que sua constituição se fundamenta na dialética do triplo presente. Não há como projetar o porvir sem os recursos que recolhemos das páginas já escritas e contadas sobre a nossa existência. Perde-se, assim, o encadeamento narrativo, o si deixa de ser íntegro, como se as passagens de sua vida – sejam elas memoriais ou projetivas – se tornassem, repentinamente, incompatíveis, incoerentes.

Nesse sentido, propõe Ricœur, o processo de cura analítica poderia ser compreendido como aquele de "levar à linguagem o que precisamente foi excluído da linguagem. [...] A doença, ao menos em seu aspecto de linguagem, consiste numa decomposição da função simbólica, e toda a tarefa de análise é ressimbolizar, isto é, reintroduzir o paciente na comunidade linguística" (Ricœur, 2010: 216). A cura estende-se, a um só tempo, sobre o eixo agir-padecer, bem como sobre o eixo si-outros.

A readaptação do professor e a possibilidade de reparação do fio rompido

Grande parte dos depoimentos apresentados aqui foram concedidos por professores que, após um período de afastamento das salas de aula, retornaram à escola em uma nova condição. Não mais considerados aptos a exercer a docência, eles voltam ao espaço escolar na condição de professores readaptados. A reportagem "Por que nossos professores estão adoecendo?" (2019) esclarece que a readaptação serve para manter o cargo do servidor público, porém respeitando as *limitações decorrentes do problema que causou o afastamento do trabalho*. Após passar por uma perícia médica, realizada por um profissional da Prefeitura ou do Estado, o professor recebe um laudo, indicando a necessidade ou não de readaptação. "Alguns laudos recomendam, por exemplo, manter distância dos alunos no trabalho diário para evitar estresse, outros indicam que o profissional precisa ficar em local com pouco barulho", aponta a reportagem (Giammei e Pollo, 2019). Compete, assim, aos superiores do professor determinar quais serão as suas funções, observando as recomendações do laudo médico.

Buscamos o suporte legal a essa condição e encontramos algumas legislações que a regulamentam. Consta no Capítulo X da Lei Estadual n. 10.261, de 28 de outubro de 1968, e da Lei Complementar n. 942, de 6 de junho de 2003, as seguintes definições:

> Artigo 41 – Readaptação é a investidura em *cargo mais compatível com a capacidade do funcionário* e dependerá sempre de inspeção médica.
>
> Artigo 42 – A readaptação não acarretará diminuição, nem aumento de vencimento ou remuneração e será feita mediante transferência. (São Paulo, 1968; grifos nossos)

Ainda, no Decreto n. 52.968, de 7 de julho de 1972, do Estado de São Paulo, constam as seguintes informações:

> Artigo 1.º – A readaptação verificar-se-á sempre que ocorra modificação do estado físico ou mental do funcionário que venha a alterar sua capacidade para o trabalho.
>
> Artigo 2.º – Nos casos em que a modificação a que se refere o artigo anterior resultar em contra-indicação para o desempenho de todas as tarefas do cargo, a readaptação será feita mediante transferência para cargo de classe diferente mas de igual padrão de vencimentos ou de igual remuneração. (São Paulo, 1972)

Elena, 67 anos, professora de História readaptada na rede municipal de São Paulo, discorre em seu depoimento acerca da inespecificidade – e até mesmo superfluidade – de sua nova função na escola: "O que faltar, eles colocam para você. Não tem ninguém para atender o telefone, vai lá, atende. Não tem ninguém para telefonar para os pais, não tem ninguém no balcão, fica você. Cada dia você está num canto, tapando buraco" (Giammei e Pollo, 2019). Diagnosticada com depressão, a professora afirma que, uma vez que a doença afetou a sua memória, ela talvez não seja mais capaz de dar aulas novamente. Apesar disso, ela acredita que mesmo em uma função readaptada o seu conhecimento e a sua experiência como professora deveriam ser considerados de algum modo: "Temos muito a contribuir e nada é aproveitado. Muitas vezes, ficamos lá recortando papel", diz ela. "Tanto estudo, tanta leitura que a gente fez, que estudou, tantos sábados fora da casa, longe da família para poder se aperfeiçoar mais, e a gente não usa" (Giammei e Pollo, 2019).

O processo de readaptação do professor na escola, após um período de afastamento motivado por uma condição de adoecimento, pode representar ao sujeito uma possibilidade de "reparação" do fio então rompido em sua narrativa. Mesmo que retorne em uma função distinta daquela anteriormente exercida, o professor vê-se novamente em um ambiente que lhe é minimamente familiar, que de algum modo faz parte da narrativa que vinha contando sobre si antes do rompimento. Ocorre, contudo, que a despeito de consistir em uma tentativa de atribuir ao professor um cargo mais "compatível com sua capacidade", a readaptação, como brusca mudança de rumo na intriga que até então se configurava sobre a sua vida, pode causar certo estranhamento ao sujeito. O *Professor* perde-se, desaparece de modo repentino em determinado ponto de sua narrativa, dando lugar a um novo personagem, com novas funções e feições. Ou ainda, em uma condição de maior precariedade, dá lugar a uma figura de contornos borrados e caráter supérfluo: *cada dia você está num canto, tapando buraco.*

Ainda que a volta à escola e ao exercício de uma nova função possa representar, em alguma medida, uma retomada da configuração da narrativa de vida daquele sujeito, a ideia de encadeamento, de continuidade com as páginas anteriores mostra-se de algum modo comprometida. Isso, contudo, não é capaz de definir a forma como o professor seguirá a escrita de suas próximas páginas: a potência e a fragilidade permanecem presentes no horizonte de expectativas. Em face de acontecimentos que se apresentam como fragmentos desconexos, como passagens não coordenáveis em uma narrativa coerente, é sempre possível ao sujeito a mobilização de recursos psíquicos em um esforço de ressimbolização e renarrativação de suas experiências.

Vivenciando semelhante contexto, a professora Cássia comenta sobre o que ela considera uma *inadequação das funções* atribuídas ao professor readaptado. "Se a pessoa tem fobia social, não pode ficar atendendo telefone, nem atendendo na secretaria. Se ela tem depressão, também tem algumas restrições. Quando vem o laudo, tá escrito o que ela pode ou não fazer" (Giammei e Pollo, 2019). Como no depoimento anterior, a despeito de a professora assinalar o que seria uma inadequação das funções conferidas ao professor readaptado, ela o faz a partir de uma perspectiva distinta que parece ter efeitos também distintos sobre o sujeito. Enquanto a professora Elena considera suas experiências e conhecimentos como critério para a adequação ou inadequação das novas funções que deve exercer, a professora Cássia, no último depoimento, define o laudo médico como parâmetro daquilo que poderia ou não realizar.

Ao ser tomado como um "gabarito à ação", o laudo passa a operar uma espécie de censura à dimensão projetiva do narrar. "Sabe-se que a censura se opera na fronteira entre dois países, dois regimes políticos: suprime-se de uma carta, de uma correspondência... palavras, elementos de comunicação" (Ricœur, 2010: 216). Esse processo de censura, que se inicia como uma espécie de *exclusão linguística* (Ricœur, 2010), expande-se, por sua vez, à dimensão psíquica dos sujeitos. "O que Freud chamou de 'censura' é no fundo um fenômeno linguístico. Lembro a origem dessa palavra em Freud: é uma transposição na estrutura psíquica de um fenômeno social da linguagem" (Ricœur, 2010: 216).

As expectativas, desse modo, deixam de estar enraizadas no passado, nas memórias, na experiência do sujeito e passam a se alienar à prescrição médica, àquilo que é esperado e recomendado àqueles acometidos pela doença ou distúrbio identificado. A despeito de operar como uma forma de censura e atestar uma limitação, o laudo pode representar a esses sujeitos um solo seguro, minimamente estável, no qual podem encontrar as referências então perdidas de um mundo que se lhes apaga como horizonte de representação. São sujeitos que passam a caminhar apenas dentro dos limites supostamente previsíveis e controlados da atestada doença. Algo do imponderável é suprimido do aspecto projetivo da narrativa, juntamente com a potência e a fragilidade que comporta. A dimensão promissiva da identidade desses sujeitos vê-se tensionada por aquilo que se espera de um professor adoecido e readaptado.

A complexidade do movimento de readaptação à escola e à própria história de sua vida, como pudemos observar, coloca o professor diante de sentimentos por vezes contraditórios: eles "não querem voltar às salas – pelos traumas sofridos e pela própria indicação médica – mas alguns ainda querem se envolver no processo pedagógico" (Giammei e Pollo, 2019). A professora Cássia assinala que como professora readaptada gostaria de realizar tarefas como "dar apoio aos professores, ajudar em projetos, elaborar projetos de inclusão, preparar aulas para quando falta

Uma fenomenologia do sofrimento docente

professor" (Giammei e Pollo, 2019). Enfim, realizar atividades pedagógicas, porém, sem o contato com os alunos exigido pela sala de aula. O medo de ser mandado de volta à função docente o acompanha diariamente, diz Gilvan, 54 anos, professor de Literatura readaptado na rede municipal de São Paulo. Segundo ele, os professores readaptados sofrem com ansiedade, insônia e pânico nos dias que antecedem o retorno ao perito psiquiatra. Temem ter a licença negada e, assim, se verem obrigados a voltar às salas de aula.

A vontade expressada por alguns professores de contribuir com as atividades pedagógicas, de mobilizar em sua nova função algo de sua experiência docente, parece representar uma tentativa de promover alguma alteração no eixo *agir-padecer*, uma tentativa de incorporar algo da ação – ainda que em grau mínimo – à condição de sofrimento que vivenciam. Essa tentativa, contudo, dá-se inicialmente por uma via percebida como mais segura e estável: os professores buscam o que seria a dimensão "fabricadora" das atividades do educar – ajudar na elaboração de atividades, projetos, planejamentos etc. Tais atividades, a princípio, parecem exigir uma menor implicação do professor enquanto agente. Note-se, entretanto, que ainda que haja uma mobilização operada no eixo *agir-padecer*, a relação si-outros ainda permanece comprometida. Mantem-se presente, de modo importante, algo das figuras de separação. *O Aluno*, então tornado abstrato, é aquele de quem o professor deve se manter afastado: sua figura – que neste contexto parece condensar todos os demais sujeitos que participam das diversas relações que se estabelecem a partir de uma sala de aula – torna-se a personificação de parte significativa das causas do seu sofrimento.

* * *

Concluo essa parte da análise com algumas breves ponderações acerca da capacidade humana que se mostra significativamente reduzida em parte importante dos fenômenos do sofrimento docente: a *capacidade de estimar a si-mesmo como agente moral*. Antes de nos determos àquilo que parece participar dessa redução, pergunto, com Ricœur (2014), a que título o si é declarado digno de estima. Segundo o autor (2014: 198), não é principalmente por suas realizações que o si pode ser estimado, mas fundamentalmente por suas *capacidades*. Vejamos.

Em "Éthique et Morale" (1990), Ricœur assinala como sendo as capacidades humanas que reúnem o que é fundamentalmente estimável no si a *capacidade de agir intencionalmente* e a *capacidade de iniciativa* [*la capacité d'agir intentionnellement et la capacite d'initiative*]. A capacidade de agir intencionalmente refere-se à capacidade que temos de operar uma escolha ou exprimir uma preferência a partir de razões ou convicções, ou seja, de preferir isso a aquilo em uma dada circunstância. Já a capacidade de iniciativa é aquela de introduzirmos mudanças no curso das coisas, de iniciar algo no mundo. Sendo assim, propõe Ricœur (1990), a estima de si pode ser entendida como o momento reflexivo da *práxis*: é apreciando nossas ações que podemos apreciar a nós-mesmos como seu autor. "Sou esse ser que pode avaliar suas ações e, estimando bons os objetivos de algumas delas, é capaz de avaliar-se, estimar-se bom" (Ricœur, 2014: 198).

Os fenômenos do sofrimento docente aqui examinados acumulam, em distintos graus e nuances, ataques às capacidades dos professores enquanto agentes. Como vimos, são diversas as situações vivenciadas no exercício do ofício docente que mitigam o *poder dizer*, o *poder fazer* e o *poder (se) contar*, de modo que a *capacidade de estimar a si-mesmo como agente moral* é diretamente afetada. Diante de uma ação e enunciação não mais reconhecidas e legitimadas pelo outro, diante de uma lógica que impele os sujeitos ao comportamento e ao enunciado vazio, não mais se faz possível ao professor reconhecer-se em suas ações, em suas capacidades, tampouco por elas estimar-se enquanto agente responsável.

A capacidade de estima de si é ainda comprometida no sofrimento quando consideramos sua extensão sobre o eixo si-outros. Ricœur (2014: 214) assinala não ser possível "estimar-me sem estimar outrem *como* a mim mesmo". E *como a mim mesmo* significa:

> tu *também* és capaz de começar alguma coisa no mundo, de agir por razões, de hierarquizar tuas preferências, de avaliar os objetivos de tua ação e, ao fazeres isso, és capaz de estimar-te a ti mesmo assim como eu mesmo me estimo. A equivalência entre o "tu também" e o "como eu mesmo" assenta numa confiança que pode ser vista como uma extensão da atestação em virtude da qual creio que posso e que valho. [...] Tornam-se assim fundamentalmente equivalentes a estima *ao outro como um si-mesmo e a estima a si-mesmo como um outro.* (Ricœur, 2014: 214; grifos do autor)

Parece-nos improvável que essa forma de "continuidade" tecida por Ricœur entre o si e o outro – e sintetizada na palavra *como* –, fundamental à capacidade humana de estimar a si-mesmo, permaneça inalterada no sofrimento. O *como*, em alguma medida, parece dissolver-se diante de uma situação na qual o sujeito vê simultaneamente o mundo apagar-se enquanto horizonte de representação e intensificar-se a relação com um outro que se lhe apresenta como irreconhecível, ininteligível, incompatível e irreconciliável. O desaparecimento do *como um outro* leva consigo, de modo inevitável, o si.

Perante a ninguém-dade, a personalidade de uma professora

*o sentido primeiro do sofrer, a saber, suportar,
significa perseverar no desejo de ser
e no esforço por existir apesar de...*

Paul Ricœur

Como vimos no primeiro capítulo deste livro, no ano de 1928, Violeta Leme, sob o pseudônimo de Dora Lice, decide tornar pública a sua experiência como professora no estado de São Paulo e descreve, de forma romanceada e pela voz da protagonista Hermengarda, a potência e os desafios de um ofício que representava para ela uma missão, um dever diante da sociedade. Seu livro *O calvário de uma professora* é diretamente endereçado, na carta que o prefacia, ao Secretário do Interior do Estado de São Paulo. Violeta inicia a sua carta da seguinte forma:

> Exmo. Sr. Secretário do Interior,
>
> Ousamos, e grande ousadia é, Exmo. Sr. solicitar a vossa atenção para a insignificância destas páginas. Apelamos para vós porque tendes conservado intacta a pureza de vosso caráter, e estamos certas de que sabereis suavizar a rigidez fria da lei quando necessário for ao interesse indispensável da justiça.

O *sofrimento docente*

> Aprecias certamente a verdade; ela não foi alterada. Os fatos aqui narrados são autênticos; apenas para o bom andamento da narrativa, não obedecem a ordem cronológica. Abrindo as portas das escolas para que os vossos olhos vejam o seu interior, sem o aparato da espera, outro fim não temos senão pedir um pouco de atenção para a modesta educadora paulista, tão duramente tratada. (Lice, 1928: 3).

Quase três décadas mais tarde, em 1952, Violeta Leme reedita o seu livro, revelando-se como autora. Segundo a professora, o uso de um pseudônimo na primeira edição do livro justificava-se pelo fato de que "os mandatários de várias categorias não perdoariam o atrevimento de um comentário a seus atos" (apud Moraes, 2019: 260). É justamente tal "atrevimento" frente aos mandatários e ao *mecanismo educacional* que se lhe impunha à época que instiga ao exame do modo como Violeta *suportava* as inúmeras vicissitudes de um ofício que, aos seus olhos, dia após dia se transfigurava em um calvário.

As narrativas, como a de Violeta, compõem parte singular do legado da experiência humana, visto que ao narrar o sujeito tem a oportunidade de reificar aquilo que essencialmente o humaniza e singulariza: a sua experiência no mundo. A narrativa guarda em sua materialidade marcas de *alguém* que a narra. Uma vez que uma narrativa não se pretende como retrato preciso e estático da realidade, que "não está interessada em transmitir o 'puro em si' da coisa narrada, como uma informação ou um relatório" (Benjamin, 2012: 221), podemos compreendê-la, antes, como uma *reelaboração possível* da experiência vivida ou testemunhada por um alguém, como um modo singular de *pôr em ordem* certos acontecimentos de uma vida para assim transformá-los em uma narrativa. "Uma narrativa não é um fluxo aleatório de ideias que descrevem uma dada situação. Ela traz em sua constituição a marca de uma interpretação, esta que produz e revela a presença de um sujeito" (Voltolini, 2018: 85). Em meio a lembranças e lapsos, episódios enfatizados ou falas negligenciadas, o narrador reconstrói, atribui permanência e sentido ao que poderia ter sido apenas um sopro fugaz da ação humana.

A despeito do caráter romanceado que imprime à narrativa, Violeta traz relatos de duras experiências vivenciadas por ela e outras normalistas com quem convivia nos âmbitos profissional e pessoal; ela via e escutava a si-mesma também nos atos e palavras das outras professoras que com ela compartilhavam o ofício. A história de cada um de nós, assinala Ricœur (2021), está *enredada na história dos outros*, de modo que a nossa história é sempre um segmento da história dos outros. Ao colocar em palavras esse *tecido inter-narrativo* (Ricœur, 2021), e ordená-las na forma de um livro, Violeta buscava, de maneira geral, dar publicidade às condições precárias em meio às quais a docência se exercia em sua época, bem como às privações que o *mecanismo educacional* lhe impunha. A professora denuncia, além da falta de aparato das escolas, as condições de uma *modesta educadora paulista, duramente tratada, sem autonomia em sua classe ou escola, sobrecarregada de deveres, angustiada ao se ver transformada em máquina e presa a normas rígidas de programas forçados e extensos* (Lice, 1928).

Faz-se fundamental assinalar que mesmo com o importante distanciamento temporal grande parte das queixas de Violeta estão hoje presentes em revistas, reportagens e trabalhos acadêmicos acerca da docência. Os elementos frequentemente considerados como sendo responsáveis pelo *calvário docente* mantiveram-se com contornos muito semelhantes no último século, sobretudo no que diz respeito à vinculação do sofrimento docente com a precariedade das condições nas quais o seu ofício é exercido: baixos salários, edificações degradadas, recursos insuficientes, excesso de trabalho, indisciplina discente, desvalorização do ofício e tantos outros elementos que participam do cotidiano do professor.

A narrativa de Violeta, entretanto, não se limita a retratar esses aspectos de seu ofício. Suas experiências, ordenadas na história da sua vida como professora, adicionam voz e feições singulares à proposição desenvolvidas neste sobre uma das mais importantes fontes do sofrimento de um professor: a tentativa de apagamento de *quem ele é*. Apagamento esse decorrente das ameaças e constrangimentos infligidos à possibilidade de revelação de um *alguém* ou, a partir do pensamento ricœuriano, às *capacidades de um agente humano*, quais sejam, as capacidades de *dizer, de agir e de contar (-se)*: "identifico-me pelas minhas capacidades, por aquilo que posso fazer" (Ricœur, 2005: 125; tradução nossa).

Logo no início de sua obra, Violeta assinala acontecimentos e aspectos de sua experiência como professora que parecem estar intimamente relacionados com a possibilidade de exercício de suas capacidades enquanto agente humano. Violeta segue em sua carta-prefácio:

> É ela [a professora] a força máxima que impulsiona o complicado mecanismo da instrução pública. Mas, tão sobrecarregada de deveres, tão premida por feitores, muitas vezes brutais, já está ela *perdendo o ânimo para o trabalho racional. Transformada em máquina, trabalha como máquina*, e esse trabalho é contraproducente. Liberte-a das normas rígidas de programas forçados e extensos, não de acordo com as necessidades regionais. Deixe-a *agir mais livremente*. Seja ela menos escrava; tenha um pouco mais de *autonomia* em sua classe ou escola, e vereis o seu interesse pelo trabalho e pelo aperfeiçoamento do ensino. Tenha *livre direito de debates*, possa fazer *demonstrações de sua experiência* e será surpreendente o seu trabalho. (Lice, 1928: 3-4; grifos nossos)

Em conformidade com as proposições desenvolvidas nos capítulos anteriores, as denúncias de Violeta deflagram, já à época, o flerte da educação com a promessa tecnocrática de transformar o ensino em um *mecanismo*, de reduzi-lo a uma atividade estritamente regida por metodologias e pressupostos pretendidos como científicos – e por isso universais, hegemônicos e replicáveis. Como vimos, tal condição, hoje profundamente enraizada em nosso imaginário pedagógico, parece ter sido significativamente intensificada em virtude dos pretendidos *avanços* no campo das ciências da educação.

A partir desses apontamentos iniciais, examinarei alguns dos diversos trechos dessa narrativa em que Violeta descreve circunstâncias e acontecimentos que podem ser interpretados como constrangimentos e ameaças ao exercício de suas capacidades enquanto agente. Contudo, mais do que evidenciar o modo como esses fatos paralisam ou impedem sua *práxis* docente, bem como o seu aparecimento como um alguém, busco com esse exame lançar luz ao fato de que são justamente essas mesmas circunstâncias e acontecimentos que revelam, com maior força e explicitação, a potência do dizer, do agir e do contar. Ainda que lhe causem sofrimento, Violeta não *cede passivamente* às investidas que buscam reduzir o seu ofício a uma atividade técnica e impessoal às custas da mitigação de suas capacidades enquanto agente. A jovem professora paulista atesta, por sua práxis, aquilo que seria o sentido primeiro do sofrer, a saber, *suportar*: suportar "significa perseverar no desejo de ser e no esforço por existir apesar de..." (Ricœur, 2021: 33; tradução nossa). O resgate desse sentido do sofrer – *suportar* – incorpora algo do *agir* à passividade do *sofrer*, ainda que num nível mínimo (Ricœur, 2021). Ao suportar sua posição de agente, Violeta impõe resistência aos constrangimentos que lhe atingiam. A resistência imposta às distintas formas de identificação e conformação que cotidianamente nos afetam é um dos mais importantes elementos na demarcação – ainda que fugaz – dos limites do *alguém*, do ser único sobre quem "pode-se dizer verdadeiramente que antes dele não havia ninguém" (Arendt, 2015: 220).

As adversidades que lhe acometiam advinham, também, do fato de exercer um ofício que com grande dificuldade ainda traçava seus contornos em uma sociedade que frequentemente ignorava a importância e o sentido de uma educação pública. "– Mas, pro via de que, esse governo qué se intrumetê na vida privada das famia da gente?" (Lice, 1928: 10), perguntou nhô Quim à jovem professora que buscava informações acerca da quantidade de crianças que habitavam o bairro rural no qual era pretendida a instalação de uma escola. Ao insistir na pergunta, a professora obteve a informação de que necessitava: na fazenda de nhô Quim trabalhavam cerca de 10 ou 12 crianças, nenhuma delas frequentava a escola e "dispois os pae já disserum, é botá escola aqui eles se mudam pronde os fios les possa ajudá no trabaio" (Lice, 1928: 11). A educação como uma aposta, como algo capaz de promover uma desidentificação do lugar socialmente reservado àquelas crianças, parecia aos olhos de seus pais algo abstrato e mesmo supérfluo em face da necessidade urgente e imediata de somar forças à lida diária no campo.

Tal sorte de adversidade era ainda agravada pela posição à qual toda *moça direita* deveria resignar-se; a professora era constantemente julgada pelo público que, "acostumado a ver a mulher trancada em casa, estranhava ver na rua moças que se estavam habilitando para viver por si" (Lice, 1928: 22). Segundo o relato de Violeta, a protagonista Hermengarda recebera de seu pai uma educação que lhe permitiria a *liberdade*, "liberdade que então não se concedia às jovens" (Lice, 1928: 15).

> Ah! Melhor fora que o amoroso pai, desse a filha querida, a vulgar educação que, ainda hoje, recebe a mulher brasileira; educação essa, que a torna apta para aceitar sem repugnância, o jugo férreo que lhe impõe a sociedade, dela exigindo apenas a procriação, e uma sujeição completa e aviltante, ao homem que a escraviza. O dr. Castro, fazendo da filha, *um ser pensante, que poderia agir por si*, ia torná-la um ser exótico, que a sociedade repeliria. (Lice, 1928: 16, grifos nossos)

A experiência de Violeta permite, portanto, adicionar feições distintivas às operações anunciadas no primeiro capítulo, a partir das quais busco resgatar a dimensão enunciativa do sofrimento docente, a sua potência, bem como interpretá-lo como efeito da tentativa de apagamento daquilo que singulariza um sujeito. Violeta segue, assim, como uma voz ainda dissonante na educação; uma voz que se propaga em sentido oposto aos enunciados vazios e anônimos que com frequência ecoam no discurso educacional; uma voz que emerge de um contexto ao mesmo tempo tão distinto e tão semelhante a este que hoje vivenciam os professores, passado quase um século.

UMA EMPREITADA DO CORPO À *ALMA* DOCENTE

Motivada por elementos que iam desde a necessidade de proteção política para a obtenção de uma cadeira em uma boa escola até o rígido controle exercido por inspetores e diretores sobre os horários e a forma de ensinar de uma professora, Hermengarda, quando jovem, repudiava a possibilidade de ingressar no magistério:

> – Nunca! Nunca serei professora pública! Uma pobre criatura, sempre humilhada, por tantos superiores hierárquicos – diretores, inspetores, secretário. Quero trabalhar sim, não porém como escrava! *Quero trabalhar como um ser pensante, e não como essas infelizes criaturas, transformadas em verdadeiras máquinas, movidas tão somente pela pesadíssima e complicada engrenagem,* denominada – Diretoria Geral da Instrução Pública. (Lice, 1928: 22; grifos nossos).

O repúdio, entretanto, teve de ser contido em virtude das graves adversidades pelas quais passava a sua família. Hermengarda – ainda que a contragosto – decidiu se lançar à árdua *missão de ensinar,* motivada, no primeiro momento, exclusivamente pela possibilidade de conseguir alguns recursos para dar aos seus pais. "Era a única tábua salvadora na sua difícil situação" (Lice, 1928: 23).

A jovem professora mal havia obtido a aprovação nos exames finais da escola normal, quando se deparou com uma situação que para ela representaria a primeira de muitas *humilhações* impostas pelo magistério. Deveria ir à Secretaria "curvar-se ante inúmeros funcionários para conseguir informações sobre cadeiras vagas" (Lice, 1928: 27). Chegando lá, trouxeram à professora dois grandes livros com as listas das cadeiras vagas, da capital e do interior.

> – Se requerer uma destas, perguntou apontando para as da capital, serei nomeada?
>
> – Sim senhora – diz o funcionário, simpático velhinho que a todos acolhia paternalmente –, mas *é preciso arranjar um bom padrinho.*
>
> – Não bastam, então, as notas que atestam a capacidade do professor! – exclama com despeito. – É preciso rastejar-se aos pés de um político, para se obter o que de direito?
>
> [...]
>
> – Quais as cadeiras que podemos conseguir sem proteção?
>
> – As distantes da capital. Quanto mais longe, mais depressa será nomeada.
>
> A professora, lançando com indiferença os olhos para a lista de cadeiras do interior, apontou ao acaso um nome. (Lice, 1928: 30)

Um colega que a acompanhava e havia testemunhado o ocorrido disse a Hermengarda que ela era muito orgulhosa e, por isso, deveria ter escolhido outra carreira.

> – Tem razão, não era isso que eu desejava.
>
> – O magistério é uma nobilíssima carreira, mas de todas, *a menos independente.* Obriga-nos a trazer curvada a fronte.
>
> – Pois a minha eu a conservarei sempre erguida!
>
> (Lice, 1928: 33; grifos nossos)

Perante a ninguém-dade, a personalidade de uma professora

Além da incômoda subordinação da colocação das professoras à influência política de que dispunham, Hermengarda via, nas escolas em que lecionava, o sonho de criação de um mecanismo educacional espraiar-se do corpo à alma das professoras, sempre *tão duramente tratadas*. Tais corpos tinham como pano de fundo a precariedade de estruturas para ensinar e os baixíssimos salários conferidos às professoras.

> O grande erro dos nossos dirigentes é não darem a mínima importância ao bem-estar da professora. Ela, o único *"agente realizador do ensino"*, é olhada com o maior desinteresse, com desprezo quase. Dos parcos vencimentos que mal lhe chegam para se vestir e se alimentar, ainda saem os aluguéis de salas de aula e viagens dispendiosas. (Lice, 1928: 152; grifos nossos)

Violeta narra o rígido controle e fiscalização que diretores e inspetores exerciam sobre as professoras. Delas era exigido o rigoroso cumprimento dos horários e do tempo destinado a cada disciplina; seus corpos eram vigiados na forma como se apresentavam durante as aulas e, em algumas escolas, até mesmo os breves minutos de pausa das professoras eram destinados à fiscalização do recreio das crianças.

> A fiscalização de recreio não é para evitar acidentes em jogos violentos, porquanto estes são expressamente proibidos. De mais, um simples passeio da professora pelo pátio de recreação sopitaria os impulsos dos desobedientes. Se é para obrigar a criança ao asseio dos referidos pátios, aí estão os serventes para atenderem a isso. Mas, é antipedagógico, e até aviltante para as professoras, obrigá-las ao papel de fiscais. De mais, é a hora em que elas mais necessidade têm de se refazer do cansaço moral e físico, para logo em seguida continuar o labor, ainda mais exaustivo, nas últimas horas do dia. (Lice, 1928: 49)

Como episódio exemplar da tentativa de controle do *corpo docente*, Violeta relata a situação constrangedora imposta a Hermengarda pelo diretor da escola em que lecionava.

Um dia, sentindo-se indisposta, depois de ter dado, em pé, sucessivamente, uma aula de aritmética e duas de leitura, no quadro parietal pelo método analítico, sentou-se para descansar um momento, enquanto ia palestrando com a classe sobre educação cívica.

Justamente, entra o diretor. Invectiva-a indignado:

— Dando aula sentada! *A senhora ignora que o regulamento o proíbe?*

Tinha por hábito ouvir calada as grosserias e observações. Mas, ou porque estivesse doente e não se pudesse conter, ou porque a indignasse em demasia a injustiça da observação, respondeu com energia:

— O regulamento não proíbe tal. Sei quais as aulas que devo dar em pé.

E, voltando-se para as alunas, continuou a lição. Saiu furioso o diretor e, chamando o porteiro:

— Seu Juvenal, vá à sala de d. Hermengarda *faça-a levantar-se e retire dela a cadeira.*

— Eu, seu diretor?! Eu não posso fazer isso...

— Como! Se eu estou mandando!

— Mas, eu não vou! Não posso fazer uma grosseria a uma professora.

— Sou o diretor, obedeça!

— Como porteiro, sou obrigado a obedecer ao diretor. Peço a minha demissão. Já não sou mais porteiro deste grupo. E assim não serei obrigado a desrespeitar uma senhora.

Aquele homem bom, de sentimentos delicados, mas que a má sorte colocara sob o mando de uma alma mesquinha, aquele pai de família preferiu perder o emprego e abandonou o estabelecimento.

No dia seguinte, *Hermengarda não encontrou cadeiras em sua sala.* (Lice, 1928: 56-57; grifos nossos)

A narrativa de Violeta lança luz a essa forma corporal de controle das professoras que naquele contexto parecia constituir a etapa inicial – e não por isso menos importante – do sonho de construção de um *mecanismo educacional*. O controle dos corpos como forma de sujeição a determinada ordem tem sido uma temática amplamente debatida no campo da educação, e é alvo constante do exame cuidadoso de diversos autores. Muitos desses estudos valem-se da reflexão foucaultiana para a análise de como certos mecanismos e práticas escolares participam do controle dos corpos de seus sujeitos – sobretudo discentes. Em sua célebre obra *Vigiar e punir* (2014), Foucault tece reflexões acerca das relações entre a disciplina, o controle e o que seria uma *docilização dos corpos*. "É dócil um corpo que pode ser submetido, que pode ser utilizado, que pode ser transformado e aperfeiçoado" (Foucault, 2014: 134). Segundo o autor, a fabricação de um corpo dócil

> implica numa coerção ininterrupta, constante, que vela sobre os processos da atividade mais que sobre seu resultado e se exerce de acordo com uma codificação que esquadrinha ao máximo o tempo, o espaço, os movimentos. Esses métodos que permitem o controle minucioso das operações do corpo, que realizam a sujeição constante de suas forças e lhes impõem uma relação de docilidade-utilidade, são o que podemos chamar as "disciplinas". (Foucault, 2014: 135)

A despeito da presença e relevância dessa forma de controle, o principal objeto de interesse neste livro é constituído por contornos mais sutis e fugidios, e incide sobre o que Violeta considera a *alma* da professora. Incide sobre a sua forma de pensar, ajuizar e fazer escolhas como um *alguém*; incide sobre a sua maneira de fazer face à liberdade e à responsabilidade enquanto um sujeito. Em suma, interessa-nos sobretudo a tentativa de controle que firma as suas estruturas no conjunto das ameaças e constrangimentos infligidos às *capacidades de Violeta enquanto agente humano*. Essa forma de tentativa de controle – que representava uma das maiores fontes de sofrimento da jovem professora – fazia-se presente desde as miudezas do trabalho docente, como o modo de fazer registros e preencher documentos, por exemplo, até as grandes escolhas a respeito da forma de conduzir e conceber o seu ofício.

O inspector era em matéria de ensino de uma ignorância crassa. Em lugar de auxiliá-la, atrapalhava-lhe até a escrita. Em uma de suas visitas, estranhou, no livro de chamada, que as colunas de ordem e matrícula não se correspondessem.

– O seu livro está errado. A senhora precisa pôr mais cuidado na escrituração. Como está aqui, para esta aluna número de ordem 15 e de matrícula 60?

– É porque a aluna nº 60 foi matriculada no mês seguinte ao da primeira matrícula, e sendo letra B, corresponde pela ordem alfabética, ao nº 15.

– Não senhora, isso não é assim. O número de ordem tem de ser exatamente igual ao de matrícula.

– De acordo. Mas, na primeira matrícula, somente. No decorrer do ano letivo, eliminam-se alunos e matriculam-se outros, de modo que esses números não coincidem mais.

– Como! Não atende as minhas observações?

– Estou pronta a atendê-lo, mas, desculpe dizer, o senhor está elaborando em erro...

– Em erro, eu! Ousa dizê-lo! Esquece que sou o inspector?

A professora foi obrigada a curvar-se, embora convicta do contrário. Ordenava o superior.

Depois disso, fiscalizava mais a miúdo a escola, tentando apanhá-la em falta. Sempre porém, a encontrava trabalhando dentro do horário. (Lice, 1928: 46)

A respeito do modo como deveria conduzir as suas aulas, era-lhe exigido que seguisse criteriosamente este ou aquele método, como garantia de um "ensino bem-sucedido".

Embora *interpretasse Hermengarda, inteligentemente,* os pontos obscuros ou falhos do programa escolar, a nulidade que a política colocara na direção de um estabelecimento de ensino obrigava-a a segui-lo segundo a sua pequenina inteligência. E [o diretor], quando sabia nulo o resultado do esforço da professora, *acusava-a de negligência ou falta de método.* (Lice, 1928: 56; grifos nossos)

Com importante semelhança, observamos a situação narrada por Violeta e esta hoje vivenciada por alguns professores. Como discorremos no capítulo "O sofrimento docente no *viver junto aos outros*", o discurso educacional contemporâneo, ao buscar reduzir a educação a uma operação essencialmente técnica e objetiva, associa, de forma estrita, o seu sucesso à adequada utilização de um conjunto específico de métodos para o ensino de determinados conteúdos. Uma vez que a pedagogia – amparada pelos saberes oriundos, em sua maioria, da psicologia – teria se tornado capaz de conhecer o sujeito a quem se dirige no ensinar, ela seria também capaz de ajustar, de adequar com precisão sua forma de endereçamento. Tal ajuste, por sua vez, viria a garantir o sucesso da educação entendida como simples *processo de aprendizagem.*

Em consonância com as falas do diretor de Hermengarda, ao tomarmos a educação a partir de uma lógica tecnocrática, além do sucesso, o fracasso educativo, consequentemente, torna-se também passível de ser explicado em termos de uma inadequação metodológica (Lajonquière, 1998a) ou de sua má aplicação – em virtude da falta de recursos, despreparo dos professores, falta de planejamento, defasagem dos alunos etc. Nessa forma de se conceber o ensino, como vimos, resta ao professor em seu ofício um lugar bastante restrito no qual suas capacidades enquanto agente parecem ser tornadas supérfluas. Bastaria a existência de uma figura que nada deve ao dizer, ao agir ou ao narrar; bastaria uma figura capaz de operacionalizar uma prescrição pedagógica.

Como acontecimento bastante ilustrativo de tal lógica, Violeta narra a ocasião na qual Hermengarda foi duramente tratada por ter agido em discordância com aquilo que se esperava de uma professora naquele contexto:

> Estava Hermengarda, em sua sala de aula, ensinando maternalmente as suas alunas de primeiro ano. *Apesar de já não ter a liberdade de ação*, que gozava em sua escola isolada, trabalhava com ânimo.

O sofrimento docente

As horas tão subdivididas por tantas matérias, e a fiscalização deprimente exercida sobre ela, muito contribuíam para *perturbar-lhe o trabalho e entravar o progresso da classe.*

Mas, mesmo assim, *era tal o seu esforço que ainda conseguia bastante.*

Entrou na sala o diretor, trazendo nos lábios um sorriso enigmático. E, com um modo brando que não lhe era comum:

– O inspector deseja falar-lhe no meu gabinete.

Sentiu Hermengarda um pequeno abalo.

Que desejaria dela o inspetor? Nada tinha a se acusar, mas não é sem algum temor que uma professora recebe o chamado do inspetor. Demais, julgara ver algo triunfante no sorriso do diretor.

Sem deixar perceber o seu receio, dirigiu-se com aparente calma, onde a esperavam.

O inspetor, que lhe era desconhecido, saudou-a secamente. Sem convidá-la a sentar-se, inquiriu com modo brusco:

– Que classe ensina?

– Primeiro ano.

– *Que método adotado?*

Sentiu-se Hermengarda atrapalhada, temendo lhe fossem feitas perguntas sobre o método analítico, então obrigatório, e do qual não tinha ainda bem prática, (pois estava aprendendo à sua própria custa, uma vez que em seu tempo de escola ainda não estava em moda o referido método) titubeou na resposta:

– Para lhe ser franca... estou pondo em experiência o que me indica a razão... de conformidade com...

– Como! Arvorou-se em reformadora? Não sabe que está sujeita a graves penalidades por haver infringido as leis do ensino?! E desprezar a direção dos seus superiores? (Lice, 1928: 59-60; grifos nossos)

A reação de indignação do inspetor diante da forma como Hermengarda costumava orientar a sua prática, *experimentando o exercício da razão*, dá testemunho do modo como o mecanismo educacional e seus operadores percebiam a *ousadia* de determinadas

Perante a ninguém-dade, a personalidade de uma professora

professoras em seu ofício. Ao exercer as suas capacidades de dizer e de agir, bem como de construir narrativas com base nas suas experiências, Violeta representava um risco, cometia uma infração, uma verdadeira insubordinação. Não era isso que se esperava de uma professora, mas sim um "tipo funcional, entorpecido e 'tranquilizado' de comportamento" (Arendt, 2015: 400).

Mediante tal sorte de ameaças e imposições, Violeta descreve o que restaria, então, à *alma* de uma professora:

> O magistério é como engrenagem de possante máquina. Esta, se prende a mão ao pobre operário, leva-lhe o corpo todo. E, como da engrenagem sai aos pedaços o *corpo* do infeliz trabalhador, também assim *esmagada* fica a *alma* da pobre professora, presa no complicado mecanismo da instrução pública. *Ou se amolda, fraca, incapaz*, aos absurdos exigidos, ou *se é um ser que raciocina e tem cultura, sentindo-se apoucada, deprimida, revolta-se*. Mas, *emudece*, ante o rigorismo vexatório dos que mal interpretam as leis. (Lice, 1928: 54; grifos nossos)

Tendo a *alma* – ou o que proponho ler como sendo as suas capacidades enquanto agente humano – *esmagada* pelo mecanismo educacional, Violeta aponta o que parecem ser possíveis caminhos para uma professora. Se segue o primeiro deles, diz Violeta, a professora se *amolda, fraca, incapaz*. "O carácter enérgico se quebra, restando apenas *um corpo sem vontade, que se deixa dirigir por qualquer...*" (Lice, 1928: 55; grifos nossos). Nessa condição, parece não mais haver no sofrer resquícios da dimensão da ação; extingue-se com a alma a capacidade de *suportar*. Há, então, a indiferença, uma completa adaptação à vida no deserto, onde passam a se sentir em casa e a *padecer* de suas condições (Arendt, 2016). "E, quando esse mesmo corpo, alquebrado, já não se pode mover, a perversa engrenagem o lança fora por inútil, numa triste aposentadoria. E, desprezado fica o ser que ela *matou moralmente e invalidou por completo*" (Lice, 1928: 55; grifos nossos).

A ideia de uma *morte moral, de um corpo que se deixa dirigir por qualquer* remete, em alguma medida, às análises desenvolvidas por Pereira (2016) em sua obra *O nome atual do mal-estar docente*. No referido trabalho, o autor descreve as etapas de sua pesquisa-intervenção, bem como as impressões recolhidas nos espaços de fala com mais de 50 professores de escolas públicas municipais e estaduais de Belo Horizonte. Dentre esses professores, 15 foram ouvidos de maneira sistemática, por meio de entrevistas de orientação clínica, o que permitiu ao autor identificar a existência do que ele considera um estado depressivo. Dessa identificação, interessa, em especial, o modo como Pereira (2016: 147) propõe interpretar a condição observada. Há, nesses professores, propõe o autor, uma espécie de "recuo do desejo", são professores que em seu ofício *cedem de seu desejo* (Lacan, 1988).

Ainda que não operem, de forma estrita, desde uma mesma perspectiva conceitual, a observação de Pereira (2016) a partir do raciocínio psicanalítico a respeito da condição docente observada ressoa de modo significativo com a proposição de Ricœur (2021), escolhida como epígrafe deste capítulo, acerca do sentido primeiro do sofrer, qual seja, da capacidade de suportar, de "perseverar no desejo de ser e no esforço por existir apesar de…" (Ricœur, 2021: 33, tradução nossa). E é para essa perseverança que, de algum modo, Violeta aponta ao indicar o que seria um segundo caminho a ser seguido, uma forma de *agir* em face dos constrangimentos do mecanismo educacional: "*se é um ser que raciocina e tem cultura*, sentindo-se apoucada, deprimida, *revolta-se*" (Lice, 1928: 54, grifos nossos). Ainda que, logo em seguida, Violeta diga sobre o frequente emudecimento das professoras que se revoltam, ela lança luz ao fato de que há sempre algo capaz de escapar à tentativa de *conformar* um sujeito. Violeta lança luz à ação, à liberdade em que está radicada toda ação humana. A experiência dessa professora, em sentido contrário ao que nos parece ser a leitura hegemônica do sofrimento de um professor, acrescenta feições à proposição de que o sofrimento de alguém não é sempre e necessariamente uma forma de paralisia, renúncia, impotência. A capacidade de sofrer é inseparável da capacidade de agir, visto que apenas aqueles que agem podem também sofrer [*"seuls des agissants peuvent être aussi des souffrants"* (Ricœur, 2021: 15)].

* * *

Parte importante do sofrimento de Violeta parecia naquele momento personificar-se na figura do diretor de sua escola, que buscava pôr em prática com fidedignidade todos os constrangimentos previstos pelo mecanismo educacional. Passado algum tempo, para a felicidade geral das professoras, o diretor que tanto as atormentava foi removido para um lugarejo do litoral. No lugar dele veio um outro que, "sendo mais criterioso que o antecessor, soubera apreciar as belas qualidades e o preparo pouco comum da professora mais espezinhada até então" (Lice, 1928: 64). Segundo a professora, o novo diretor encontrou

> o estabelecimento em verdadeira anarquia. Os adjuntos trabalhavam de má vontade. Os alunos não mostravam respeito aos professores, tantas vezes desautorizados em sua presença. Porteiro e serventes descuravam suas obrigações.

> Reunindo os professores em seu gabinete, expôs-lhes o diretor, o seu modo de agir. Iria tratá-los como colegas e não como inferiores. *Teriam em suas classes completa liberdade de ação. Dariam as suas aulas como lhes aprouvesse, cingindo-se, todavia aos programas, e respeitando os horários até onde fosse possível.*

> Não iria repreender um colega por se estender mais alguns minutos nesta ou naquela disciplina. Fora professor também, e sabia o quanto é cansativo e pouco producente a rigorosa fiscalização de horários.

> *Ao bom professor, não é preciso que se limite, e se subdivida o tempo de trabalho. O seu critério e a própria necessidade da classe servem de guia.*

> Quando entrasse em alguma classe, não supusessem que a iria fiscalizar. Não estava ali para isso. Assistiria a algumas aulas, para ver a orientação dos colegas, tão somente, e auxiliá-los no que necessitassem. (Lice, 1928: 64-65; grifos nossos)

De acordo com Violeta, a escola transformou-se por completo após a chegada do novo diretor. Todos se esforçavam ao máximo no cumprimento das tarefas, as professoras davam aulas em conjunto para as turmas correspondentes, os recreios passaram a ser fiscalizados pelos serventes e pelo próprio diretor para que as professoras pudessem repousar um pouco e, ao final do ano letivo, o diretor permitia às professoras que escolhessem a sala com a qual trabalhariam, de acordo com a sua preferência e aptidão. "O peso que sufocava os professores, sempre sob o látego humilhante do bárbaro feitor, desaparecera por completo. A lei áurea raiara também para aqueles infelizes" (Lice, 1928: 65).

A PERSONALIDADE DA PROFESSORA, O MAIS IMPORTANTE ELEMENTO NA EDUCAÇÃO

Em alguns trechos de sua narrativa, Violeta refere-se à importância que a *personalidade da professora* tem para a educação, afinal é ela "o mais importante elemento na educação da infância, é ela quem mais coopera na grande obra da formação do caráter nacional!" (Lice, 1928: 3). Tal fala colide com as concepções basilares de uma educação que, em razão de sua pretendida objetividade e cientificidade, deve garantir que o ensino escolar seja o mais padronizado, objetivo, impessoal, imparcial e *sem partido* possível. Nesse contexto, é justamente a *personalidade* – os contornos singulares – dos sujeitos envolvidos no laço educativo que deve ser extinguida para que tudo se passe como previsto, para que nada escape ao controle. Pergunto, neste ponto, o que Violeta parecia delinear quando se referia à personalidade da professora? Quais leituras e interpretações podemos tecer a partir dessa percepção de Violeta acerca do educar?

Desprovidos de uma definição precisa acerca do que Violeta considera ser a *personalidade da professora*, recolho da narrativa alguns elementos que podem nos auxiliar a acrescentar contornos a tal expressão. Ao narrar as experiências de Hermengarda e de suas colegas de profissão, a autora menciona em diversos momentos da obra características e atitudes que, segundo ela, devem orientar e compor a *práxis docente*: Violeta fala sobre interesse, vontade, esforço, responsabilidade, entusiasmo e suficiência moral. Em seus relatos, aborda a necessidade de que as professoras sejam livres para fazer escolhas, para priorizar este ou aquele aspecto das orientações recebidas, defende que tenham autonomia em sua classe ou escola, e, sobretudo, que tenham "livre direito de debates" para que possam, assim, "fazer demonstrações de sua experiência" (Lice, 1928: 4).

Com profundas ressonâncias com a narrativa de Violeta, Hannah Arendt, em sua obra *Responsabilidade e julgamento* (2004), apresenta-nos elementos importantes que podem iluminar a nossa reflexão a respeito da ideia de *personalidade*. Segundo a autora, pensar e lembrar são o modo humano "de deitar raízes, de cada um tomar seu lugar no mundo a que todos chegamos como estranhos. O que em geral chamamos de uma pessoa ou uma *personalidade*, distinta de um mero ser humano ou de um ninguém, nasce realmente desse processo do pensamento que deita raízes" (Arendt, 2004: 166; grifos nossos). Aquilo que nos singulariza, que nos torna um ser único, nasce, como diz Arendt (2004), de nossa faculdade de pensar e lembrar.

O pensamento, embora não apareça diretamente sob a luz do domínio público, observa Vanessa Sievers de Almeida a partir de Arendt, é como uma "resposta às nossas experiências no mundo. Lembramos do acontecido e procuramos compreendê-lo, de modo que o ocorrido ganhe um sentido para nós" (Almeida, 2010: 857).

Apesar de não ser uma ação – uma vez que ocorre em um diálogo interior do sujeito consigo mesmo e não junto aos outros –, o pensamento é "uma atividade que tem certos resultados morais, isto é, uma atividade em que aquele que pensa se constitui em alguém, em uma pessoa ou uma *personalidade*" (Arendt, 2004: 171; grifos nossos). É justamente o pensar, assinala Almeida, o "pressuposto de uma ação que não se isenta de sua responsabilidade pelo mundo" (2010: 864).

O pensar – no sentido específico que lhe confere Arendt: uma reflexão ajuizante da experiência cotidiana – é uma faculdade conferida a todos. Além disso, é uma atividade que não chega a um fim, não visa produzir algo e jamais se constitui como algo acabado: "O pensamento é como a teia de Penélope, desfaz-se toda manhã o que se terminou de fazer na noite anterior" (Arendt, 2019: 107). Assim, lançar-se ao pensar implica lançar-se ao reconhecimento da condição humana – e mundana – de incompletude, o que o torna uma atividade incompatível com qualquer pretendida prescrição absoluta e acabada.

A partir das proposições de Arendt e Ricœur, parece-me possível afirmar que Violeta, ao dizer sobre a importância da personalidade de uma professora, reclama a possibilidade de um ofício cuja prática seja capaz de responder à questão: *quem fez tal ação? Quem é esse que ensina?* Perguntas que só podem ser respondidas pela nomeação de um *alguém*. É a *identidade* de um *alguém* que a pergunta pelo *quem* demanda. Mas quais seriam os contornos de uma identidade capaz de responder à pergunta sobre o quem de uma ação? Apontar uma identidade estável, acabada e imutável ao longo do tempo parece-nos de imediato insuficiente à pergunta sobre o *quem*. Tal pergunta, por sua vez, parece demandar uma identidade capaz de manter-se aberta aos *afetos* da ação, da enunciação, da experiência e, ainda assim, conservar algo de permanente e distintivo. Uma identidade que só pode ser alcançada pelo *contar da história de uma vida* (Ricœur, 1997).

Paul Ricœur examina com grande profundidade em sua obra o conceito de *identidade* e como ela poderia se configurar como resposta à pergunta pelo *quem* de uma ação. O autor inicia seu texto "A identidade narrativa" (2016) assinalando um interessante aspecto acerca do sentido da palavra *idêntico* em latim:

> Existe um problema, de fato, em que *idêntico* tenha dois sentidos correspondentes respectivamente ao latim *idem* e *ipse*. Segundo o primeiro sentido (*idem*), idêntico quer dizer extremamente semelhante (alemão *Gleich, Gleichheit*; inglês *same, sameness*) e, por conseguinte, imutável, não cambiante ao longo do tempo. De acordo com o segundo sentido (*ipse*), idêntico quer dizer próprio (alemão *eigen*; inglês *proper*) e tem por antônimo não *diferente*, mas *outro, estrangeiro*. (Ricœur, 2016: 266)

Ainda que, segundo o autor, o sentido da *ipseidade* não seja suficiente para resolver a relação da identidade com a sua permanência no tempo, é a partir dele que Ricœur desenvolve suas proposições acerca do que ele nomeará como *identidade narrativa*.

A história narrada, propõe Ricœur (1997), diz o *quem* da ação. Sem o auxílio da narração, observa o autor, a questão da *identidade pessoal* torna-se um problema sem solução: "ou se coloca um sujeito idêntico a si mesmo na diversidade de seus estados, ou se considera [...] que esse sujeito idêntico é somente uma ilusão substancialista, cuja eliminação só revela um puro diverso de cognições, de emoções e de volições" (1997: 424). Esse dilema, por sua vez, desaparece na substituição da identidade compreendida no sentido de um mesmo (*idem*) pela identidade compreendida no sentido de um si mesmo (*ipse*); a diferença entre *idem* e *ipse*, assinala Ricœur (1997: 425), é justamente aquela "entre identidade substancial ou formal e a identidade narrativa". Uma compreensão narrativa de nós mesmos é "a única que escapa à alternativa aparente entre transformação pura e identidade absoluta. Entre as duas resta a identidade narrativa" (Ricœur, 2010a: 211).

De acordo com o autor (1997: 425), a *ipseidade* escapa ao dilema do Mesmo e do Outro, pois a sua identidade se baseia "numa estrutura temporal conforme ao modelo de identidade dinâmica oriunda da composição poética de um texto narrativo". De tal modo, contrariamente à identidade abstrata do Mesmo, "a identidade narrativa, constitutiva da ipseidade, pode incluir a mudança, a mutabilidade, na coesão de uma vida" (Ricœur, 1997: 425). Uma vez que suporta a impermanência, a identidade narrativa não se constitui como uma identidade estável e sem falhas; ela não cessa de se fazer e de se desfazer (Ricœur, 1997). Do mesmo modo como é possível compor "várias intrigas acerca dos mesmos incidentes (os quais, com isso, já não merecem ser chamados de os mesmos acontecimentos), assim também sempre é possível tramar sobre sua própria vida intrigas diferentes, ou até opostas" (Ricœur, 1997: 428).

São os contornos de uma vida examinada, de uma vida "que não cessa de ser refigurada por todas as histórias verídicas ou fictícias que um sujeito conta sobre si mesmo" (Ricœur, 1997: 428) que Violeta buscava deixar revelar em seu ofício e reificar em sua escrita. Ainda que pudesse parecer uma resposta frágil e imprecisa à objetividade e tecnicidade requeridas pelo mecanismo educacional, era a sua personalidade, a história da sua vida que Violeta convocava em sua práxis ao buscar *pôr em experiência o que lhe indicava a razão* (Lice, 1928: 60).

À revelia do que pretendem certas lógicas de controle e regulação do ato educativo, as escolhas de um professor "não se resumem a deliberações acerca de meios técnicos supostamente mais eficazes para atingir um fim, já que a forma pela qual se ensina e se aprende tem, em si mesma, um caráter formativo" (Carvalho, 2017: 105). O que se transmite ao educar extrapola aquilo que de forma objetiva e controlada mensuramos e nomeamos conteúdos. A humanidade, a experiência daquele que ensina, como representante de uma tradição, dá forma àquilo que professa, assim como "imprime-se na narrativa a marca do narrador, como a mão do oleiro na argila do vaso" (Benjamin, 2012: 221).

É em semelhante sentido que, ao encontrar ocasionalmente seu antigo professor, Freud narra:

> Minha emoção ao encontrar meu velho mestre-escola adverte-me de que antes de tudo, devo admitir uma coisa: é difícil dizer se o que exerceu mais influência sobre nós e teve importância maior foi a nossa preocupação pelas ciências que nos eram ensinadas, ou pela personalidade de nossos mestres. É verdade, no mínimo, que esta segunda preocupação constituía uma corrente oculta e constante em todos nós e, para muitos, os caminhos das ciências passavam apenas através de nossos professores. (Freud, 1976: 286)

Parece ser justamente essa a dimensão suprimida – ou ao menos aquela que se deseja suprimir – na lógica da tecnicização do ensino. A dimensão do humano, do professor como alguém que fala em nome próprio e de uma tradição, representante da experiência humana acumulada, das estórias e das narrativas. Em tempos nos quais estão as experiências "perdendo a sua comunicabilidade" (Benjamin, 2012: 217), parece não mais haver espaço para alguém que as narre ou para o professor que compartilhe feições de um narrador.

O narrador, nos diz Benjamin, "retira o que ele conta da experiência: de sua própria experiência ou da relatada por outros. E incorpora, por sua vez, as coisas narradas à experiência dos seus ouvintes" (2012: 217). Ocorre que nos dias atuais, tempo da *short story*, "quase nada do que acontece é favorável à narrativa, e quase tudo beneficia a informação" (Benjamin, 2012: 219). O sujeito de hoje, observa o autor, "não cultiva mais aquilo que não pode ser abreviado" (2012: 222).

Tal como o laço que se estabelece no ato educativo, no qual cabe ao professor "zelar pela durabilidade do mundo comum de heranças simbólicas [...] para que os que são novos no mundo possam vir a se inteirar dessa herança pública, apreciá-la, fruí-la e renová-la"

O sofrimento docente

(Carvalho, 2017: 25), na narrativa a relação "entre o ouvinte e o narrador é dominada pelo interesse em conservar o que foi narrado" (Benjamin, 2012: 227), de forma que ao ouvinte seja assegurada também a possibilidade da transmissão.

Benjamin diz ser comum a todos os narradores

> a facilidade com que se movem para cima e para baixo nos degraus de sua experiência, como numa escada. Uma escada que chega até o centro da terra e que se perde nas nuvens – é a imagem de uma experiência coletiva, para a qual mesmo o mais profundo choque da experiência individual, a morte, não representa nem um escândalo nem um impedimento. (2012: 232)

Tal imagem bem poderia ilustrar a função à qual se propõe o educador ao se colocar diante de novos no mundo como representante de uma tradição. As subidas e descidas nos degraus da experiência e da tradição compõem movimento inerente ao educar e compreendem o que seria uma das tarefas básicas da educação: "estabelecer um diálogo intergeracional capaz de imprimir durabilidade a um mundo comum" (Carvalho, 2017: 75).

Ao propor aqui a figura do professor que revele em seu semblante as feições de um narrador, viso a um sujeito a quem se faz possível a enunciação em nome próprio, enunciação em nome de algo talhado na tradição e na experiência essencialmente humana. Personagem a quem é permitido fazer julgamentos, apresentar escolhas e confrontá-las com outras possibilidades diante de uma herança que nos chega sem testamento (Carvalho, 2017). E é a iniciação em uma herança comum, nos diz Carvalho (2017: 25), "de saberes, práticas, conhecimentos, costumes, princípios, enfim, de obras às quais um povo atribui grandeza, valor, mérito ou significado público, que constitui o objeto precípuo da ação educativa".

* * *

Perante a ninguém-dade, a personalidade de uma professora

Ainda que fossem impostos uma série de constrangimentos à possibilidade de revelar-se como um *alguém* no seu ofício, Hermengarda resistia a conformar-se em absoluto. A professora buscava brechas no sistema nas quais lhe era possível exercer suas capacidades enquanto agente.

> *Tendo um sistema de ensino todo seu, organizava Hermengarda planos de aula que davam ótimos resultados.* Lia autores estrangeiros (nada possuíamos em vernáculo, sobre pedagogia e psicologia) e aprendia neles o que os dirigentes ignoravam.
>
> Esforçada, como era, sabia pôr em prática, com muito proveito para as alunas o que a teoria lhe ensinava.
>
> A leitura, no primeiro ano, era o que mais cuidado lhe dava. Dividia em turmas as alunas e *experimentava* os melhores métodos apontados pela pedagogia de então. *Sem adotar nenhum deles, tirava de cada um o que havia de mais racional e mais conviesse à criança brasileira.* (Lice, 1928: 46-47; grifos nossos)

Note-se que Hermengarda não ignorava por completo os métodos prescritos para o ensino, tampouco as teorias a que tinha acesso. Estes serviam-lhe, antes, como um parâmetro, como uma fundamentação para os caminhos que, em seu ofício, ela traçaria e enunciaria em nome próprio. A professora tinha clareza de que, às letras, ela deveria somar a *tinta de sua viva voz* (Comênio, 1966).

Trago neste ponto a interessante análise desenvolvida por Douglas Emiliano Batista (2013), em sua tese de doutorado, acerca de uma dimensão pouco explorada da conhecida obra de Comênio, publicada no século XVII, *Didática Magna*. Nomeado por Comênio como "Didacografia", o método universal de ensinar tudo a todos seria capaz de "fazer imprimir na mente dos alunos – ao mesmo tempo e por meio do ensino de um só professor – o conhecimento de todas as coisas" (Batista, 2013: 30). Batista (2013), por sua vez – a despeito da pretensiosa afirmação de universalidade de Comênio, que costuma direcionar as análises de sua obra às implicações da centralização e autonomização do método – desvela um importante aspecto da proposição comeniana. Acrescentando camadas à discussão de que a criação de um método universal transformaria imediata e necessariamente o professor em um "replicador de conhecimentos enciclopédicos, como o operário executor de um plano prévia e absolutamente resolvido" (Batista, 2013: 84), Batista (2013) lança luz ao modo como Comênio situa o professor na própria metáfora didacográfica. Na Didacografia, diz Comênio,

> O papel são os alunos, em cujos espíritos devem ser impressos os caracteres das ciências. Os tipos são os livros didáticos e todos os outros instrumentos propositadamente preparados para que, com a sua ajuda, as coisas a aprender se imprimam nas mentes com pouca fadiga. *A tinta é a viva voz do professor* que transfere o significado das coisas, dos livros para as mentes dos alunos. O prelo é a disciplina escolar que a todos dispõe e impele para se embeberem dos ensinamentos. (Comênio, 1966: 458; grifos nossos)

Batista (2013) assinala, nos escritos comenianos, o fato de que por mais que esteja em jogo uma "transferência tipográfica" do significado das coisas, dos livros para a mente dos alunos, "sem a voz do professor, não seria possível, segundo Comênio, conferir vida aos 'tipos móveis' dos livros didáticos, aos conhecimentos socialmente partilhados, aos enunciados de saber, isto é, à 'erudição já preparada' pela Academia" (2013: 84). A voz do professor é, assim, "nada menos do que vital na didacografia ou na instrução simultânea, uma vez que sem ela o conhecimento público, no que concerne ao ensino das novas gerações, acabaria se tornando letra morta sobre a superfície de papel dos livros didáticos" (Batista, 2013: 84). Dessa forma, a despeito da pretensão de controle e uniformização do ensino,

> a *particularidade da voz do professor* – isto é, sua enunciação – opera como contraponto em face de toda uniformização universalizante ou de toda universalização uniformizante, posto que a voz se trata, afinal, da tinta viva sem a qual o maquinário escolar

não é capaz de ensinar nada a ninguém, isto é, trata-se da tinta viva sem a qual nada se marca ou nada se imprime na alma do aluno. (Batista, 2013: 84; grifos nossos)

A existência de um sujeito, à revelia das mais rigorosas tentativas de governo, embaralha toda tentativa de sustentação de um "cálculo educativo". À medida que há sujeito, há resto, há falta, há desproporção.

> uma vez que os enunciados não são eles mesmos capazes, em princípio, de "saltar" da superfície de papel dos livros em que habitam a fim de com isso se fazerem imprimir textualmente na cabeça dos alunos, é preciso, então, colocar em cena necessariamente uma voz, uma enunciação, uma fala singular que verse acerca deles. E ao se dar lugar aí à viva voz do professor, *o puro enunciado já não restará o mesmo*, uma vez que poderá ele receber mediante isso *vida*. (Batista, 2013: 84; grifos nossos)

Violeta reclamava, a todo instante, *vida* aos enunciados e tinha clareza de que à educação não bastava a prescrição, a fiscalização ou qualquer tipo de controle do ofício docente. Sabia não ser apenas disso que se trata a educação. A educação se estrutura e se endereça de um *alguém* para outro *alguém*, é um laço. Em diálogo com outra professora, Hermengarda observa:

> A vitória, minha querida, nessa campanha grandiosa da alfabetização, depende mais da *suficiência moral* do professor que da perfeição das leis e regulamentos que regem o ensino. Pode-se seguir à risca o melhor programa sem que o ensino seja educativo. Nem é, bem sei, a rigorosa fiscalização que transformará em bom, o mau professor. Sem o *esforço* e *boa vontade* deste, em vão trabalhará o governo. (Lice, 1928: 148; grifos nossos)

No exercício de seu ofício, um professor está sujeito a dois tipos de laço, propõe Blanchard-Laville (2010: 150): o laço com o saber disciplinar que ele escolheu ensinar e um outro laço que ele estabelece em sala de aula, laço com cada um dos alunos e com o grupo-classe. O modo como cada um desses laços é tecido é absolutamente singular para cada professor, não há como prescrevê-lo a partir de evidências que apontam formas mais ou menos adequadas de fazê-lo. O modo como cada professor encontra para tecer e articular esses laços é uma verdadeira "pegada psíquica, relativamente estável ao longo da carreira do professor e signo do que eu chamei de transferência didática" (Blanchard-Laville, 2010: 150).

Segundo a autora, esses laços são frequentemente concebidos no discurso educacional como laços independentes, de modo que para formar um bom professor seria preciso, antes de tudo, *dotá-lo de saberes ensináveis*. É, contudo, apenas artificialmente, aponta Blanchard-Laville (2010), que se pode separar aquilo que emerge da dimensão didática, pedagógica, psíquica, visto que estão todas profundamente imbricadas no encontro educativo.

Revelando o que poderíamos interpretar como um enfraquecimento ou empobrecimento dos laços que compõem o exercício docente, Violeta relata – e lamenta – o comportamento de certas professoras que parecem renunciar a um lugar de agente em seu ofício e, "na sua *vida vegetativa*, dão apenas umas aulas muito medíocres, para fazerem jus aos vencimentos. *Perdem o entusiasmo, ensinam quase que maquinalmente*, seguindo a rotina, em um grande atraso" (Lice, 1928: 67). Em meio à precariedade material e simbólica do ofício docente, a situação relatada por Violeta parece hoje não mais se tratar de algo pontual, mas de uma condição recorrente entre os professores. Pode-se compreender, assinala Blanchard-Laville (2008), que "em face de situações que não podemos controlar, possamos por vezes 'escolher', com o passar do tempo, a *segurança de um comportamento rotineiro*, sob o risco de confundirmos rotina com vida, e com o preço, sem dúvida, de certa *anestesia da vitalidade* profissional" (2008: 163; tradução e grifos nossos). A "escolha" pela segurança de um comportamento rotineiro pode ser entendida como uma tentativa de suspender, mesmo que momentaneamente, os riscos implicados no exercício das capacidades de um agente. Uma tentativa de se eximir, em alguma medida, do fardo da ação, da enunciação, do ajuizamento. E como pondera Blanchard-Laville (2008), trata-se de algo compreensível. Ocorre, todavia, que tal "escolha" comporta uma série de desdobramentos aos sujeitos, que veem anestesiar-se a vitalidade no exercício de seu ofício.

Sobre a recusa do pensar ou, ainda, poderíamos dizer, sobre a "escolha" por deixar-se levar pelo automatismo ou por um maquinário, qualquer que seja ele, Arendt (2019) assinala ser uma condição passível de ser assumida por todos os sujeitos. A inabilidade de pensar, aponta a autora,

> não é uma imperfeição daqueles muitos a quem falta inteligência, mas uma possibilidade sempre presente para todos – incluindo aí os cientistas, os eruditos e outros especialistas em tarefas de espírito. Todos podemos vir a nos esquivar daquela interação conosco mesmos [...]. *Uma vida sem pensamento [...] não é apenas sem sentido; ela não é totalmente viva. Homens que não pensam são como sonâmbulos.* (2019: 214; grifos nossos)

* * *

Violeta percebia e evidenciava a imensa distância existente entre o prescrito e o encontro educativo. À apática objetividade de um mecanismo, ela opunha a personalidade da professora. Era ela, como um alguém, que deveria criar ou encontrar brechas no maquinário educacional para que o laço educativo pudesse ser estabelecido entre sujeitos. "É preciso que haja primeiro e fundamentalmente um sujeito capaz de dizer eu para que então se atravesse a prova da confrontação com o outro" (Ricœur, 2016: 285).

> Alfabetizar! Coisa tão simples... Tão fácil de se dizer!
>
> Sabem acaso os fazedores de leis o que seja alfabetizar? Já tiveram diante de si, sob a sua única responsabilidade, uma classe de quarenta criancinhas, vivas sim, mas ignorantes de tudo?

Já sentiram em si a suprema tensão do espírito, o inaudito esforço mental para estudar aquelas várias e tão delicadas inteligências ainda em formação? Depois, ministrar racionalmente, pacientemente, a cada uma, gota a gota, conforme o reclame cada mente infantil? Para só então poder formar o seu sistema de ensino e desenvolvê-lo de modo que toda a classe o aproveite? Já sentiram o fracasso desanimador de todo esse esforço quando se tem um déspota ignorante por dirigente?

Já foram *obrigados a adotar um processo que não é o seu e por isso mesmo difícil de execução,* mesmo quando não é absurdo e antipedagógico como tantas vezes se dá?

Certo que não. Do contrário teríamos leis mais brandas e mais adaptáveis ao meio a que se destinam. Coisa bem simples é fazer leis para os outros, ordenar aquilo que não se sabe executar. (Lice, 1928: 200)

A obrigação de pôr em prática um "processo que não é o seu", de aplicar um roteiro rígido e externamente definido e de conformar-se ao mecanismo educacional restringe a fala docente a uma fala alicerçada sobre um *conhecimento* que demanda e impõe àquele que a professa – bem como ao seu ouvinte – uma identificação objetivante, estática e de visada totalizante.

Violeta, ao deslocar o cerne do ensino da prescrição metodológica para a personalidade da professora, subverte a lógica fabricadora da educação e cria condições para que algo da ordem do desejo possa emergir; a professora sustenta e suporta em seu ofício a condição de incompletude. Como elucidado em capítulos anteriores, a partir da psicanálise, é justamente a apresentação da educação como algo em falta que permite ao aluno transitar de um ponto ao outro no discurso, revelando-se como sujeito no campo da palavra. Para que a educação se faça possível é necessário que se mantenha sempre aberta "a possibilidade de que surja esse imprevisto por excelência chamado desejo" (Lajonquière, 2009: 126).

192

Perante a ninguém-dade, a personalidade de uma professora

Ao reconhecer e sustentar o laço educativo como uma relação entre sujeitos, na qual o desejo e o imprevisto entram em cena, o professor abre-se à possibilidade de confronto com um alguém em "plena posse de sua história singular, de suas dimensões de razão e de afetividade, de consciência e de inconsciente, assim como de sua capacidade em produzir significações" (Imbert, 2001: 101).

ENSINA-SE POR DEVER

Trago, por fim, algumas breves reflexões acerca de um elemento reiteradamente trazido por Violeta em sua narrativa e que adiciona importantes nuances às ideias desenvolvidas até aqui: a percepção do ofício docente como missão, como *dever*: "O compromisso prestado ao encetar o magistério obrigava-a ao sacratíssimo dever de formar o caráter dos pequeninos confiados a sua direção" (Lice, 1928: 232; grifos nossos).

As observações de Violeta remetem a uma interessante formulação de Lajonquière (1997), que afirma, na esteira de seu raciocínio psicanalítico em educação: "ensina-se por dever, aprende-se por amor" (1997: 33). Atenhamo-nos à primeira parte da proposição. Segundo Lajonquière (1997), em todo ato educativo que se preze busca-se transmitir um conjunto de conhecimentos mais ou menos utilitários e também certos saberes existenciais. O professor o faz, obviamente, pois outrora alguém também os transmitiu a ele. Ocorre que aquilo que o mestre transmite,

> embora seja dele pois o apr(e)endeu, não lhe pertence. O aprendido é sempre emprestado de alguma tradição que já sabia o que fazer com a vida. Assim, aquele que aprende de fato contrai automaticamente uma dívida que, embora acredite às vezes tê-la com seu mestre ocasional, está em última instância assentada no registro dos ideais ou do simbólico [visto que emprestada da tradição]. (Lajonquière, 1997: 33)

Aquilo que o mestre ensina, continua Lajonquière (1997), é uma amostra "de que" e "do que" deve. O mestre ensina "porque afinal de contas esse é seu dever. Mais ainda, ensinar é de fato sua própria e justa sina" (1997: 34). Ainda que se valendo de um outro vocabulário, Violeta, sob a voz de Hermengarda, parecia de alguma forma reconhecer tal *dívida*. Tudo aquilo que lhe haviam ofertado tornava-se nulo sem que pudesse transmiti-lo a outrem.

> Parecia estar Hermengarda, preparada para as grandes evoluções da vida. Forte para reagir contra o ambiente deletério, que corroe insidiosamente o moral. Apta para representar na sociedade papel saliente. Para isso, nada lhe faltava: fortuna, instrução sólida, caráter firme.
>
> Mas, a ela, lhe parecia, *faltava ainda qualquer coisa.*
>
> A música, a pintura, umas tintas científicas, eram apenas ornamento ao espírito.
>
> Hermengarda queria mais. Sentia dentro em si, um grande vazio. *Não tinha um fim colimado na vida e compreendia a nulidade de seus conhecimentos se não os aplicasse na colaboração do aperfeiçoamento social.* (Lice, 1928: 16)

Diferentemente das dívidas da vida cotidiana que podem ser canceladas ou saldadas, uma dívida simbólica, quando contraída, pode ser apenas *equacionada* (Lajonquière, 1997). Não se faz possível devolvê-la ao mestre, posto que o emprestado não era dele e, sobretudo, porque "sendo o apre(e)ndido da ordem do símbolo, seu valor sofre alterações quando da sua transmissão" (Lajonquière, 1997: 34). Resta então que "uma dívida simbólica pode ser só amortizada na exata medida em que seja reconhecida como tal. [...] reconhecer a dívida não é nem mais nem menos que aceitar a vida que só o símbolo pode dar: uma vida à qual falta sempre um outro tanto para ser o ideal" (Lajonquière, 1997: 34). O professor, narra Violeta, leva à cabeça uma coroa; coroa, no entanto, revestida de espinhos dolorosos. É tal coroa "tecida pelo

Perante a ninguém-dade, a personalidade de uma professora

zelo dignificante do cumprimento exato de um *dever* árduo. Mas, pontilhada dos acúleos deprimentes da opressão férrea" (Lice, 1928: 27; grifos nossos).

Saber da impossibilidade de alcance do ideal – saber sobre os espinhos da coroa –, em lugar de autorizar uma renúncia por parte do mestre, opera justamente em sentido contrário:

> o reconhecimento da irredutibilidade daquela diferença obriga paradoxalmente o sujeito a sempre tentar mais uma vez um ato que honre o ideal, [...] a lembrança dessa diferença condena o sujeito a não renunciar a um ato, cujo único fundamento não é outro que a dívida simbólica para com o injustificável dever de arriscar. (Lajonquière, 1997: 34)

É a lembrança do dever, atualizada na imperfeição de cada ato, que mantém viva a natureza ideal do simbólico, bem como o próprio sujeito (Lajonquière, 1997). Por outro lado, diante de uma renúncia ao equacionamento necessário da dívida ou do não querer saber sobre a incompletude estrutural de seu pagamento, o aprendido "vira letra morta, bem como o mestre perde um pouco de seu ser" (Lajonquière, 1997: 35).

Animada pelo reconhecimento do seu *dever*, Violeta percebia seu ofício e suas ações como algo profundamente emaranhado ao tecido social, à vida e à história dos demais sujeitos; ao enunciar-se como agente, a professora não se furtava à *responsabilidade* implicada nessa condição.

> Não devemos esmorecer, portanto. Unamo-nos para a luta. Contra o conjunto de leis e de pessoas que nos pretendem esmagar, coesas e fortes, havemos de vencer!
>
> Não somos apenas servas de superiores intolerantes. Somos uma *força social, viva e poderosa*. Em nossas mãos tão frágeis está o futuro da Pátria. Somos nós, o exército de professoras primárias, que temos a *responsabilidade* dos caráteres em formação. Somos *formadoras de almas* e seremos por isso, remodeladoras do caráter

nacional. [...] Ao nosso cargo está o futuro moral do Brasil! [...] precisamos de muita coragem e força de vontade. Pelo nosso ardor, pela nossa fé no êxito futuro, construiremos uma força social nova e cheia de vida. (Lice, 1928: 155-156)

Ao discorrer sobre as capacidades de um agente humano, Ricœur (2005) acrescenta às capacidades de dizer, agir e contar, duas outras intimamente ligadas ao modo como um sujeito aparece e se relaciona com mundo: as capacidades da imputabilidade e da promessa [*l'imputabilité et la promesse*]. A inclusão dessas duas últimas capacidades opera um movimento no qual "no vasto panorama das capacidades afirmadas e assumidas pelo agente humano, a ênfase principal passa de um polo à primeira vista moralmente neutro para um polo explicitamente moral em que o *sujeito capaz* se atesta como *sujeito responsável*" (Ricœur, 2005: 126; tradução e grifos nossos).

Em sentido próximo àquele proposto por Arendt (2015), Ricœur (2005: 126; tradução nossa) assinala que ao prometer "o sujeito engaja-se em sua palavra e diz que fará amanhã o que diz hoje". A capacidade da promessa é aquela que, em alguma medida, limita a imprevisibilidade do futuro, mesmo que sob risco da traição; "o sujeito pode ou não cumprir sua promessa; ele assim se compromete com a promessa da promessa, aquela de manter a sua palavra, de ser confiável" (Ricœur, 2005: 126; tradução nossa).

Ainda sobre o movimento no qual o sujeito capaz atesta-se como sujeito responsável, Ricœur (2005) discorre acerca da *capacidade da imputabilidade*. A imputabilidade, segundo o autor, é uma capacidade evidentemente moral. Um agente humano é considerado o verdadeiro autor de seus atos, independentemente da força das pretendidas causas orgânicas e físicas operantes no momento da emergência de uma ação. Ao assumir-se como *responsável* por uma ação, torna-se possível atribuir ao agente parte das consequências dessa ação. Caso ela venha a causar dano a outrem, a imputabilidade apontará ainda modos de reparação ou sanção final.

A capacidade da imputabilidade, continua o autor, está contida reflexivamente em todas as formas de poder-fazer: "dizer 'eu posso falar' é poder designar a si mesmo como o enunciador de suas falas; dizer 'eu posso agir' é poder designar a si mesmo como o agente de sua ação etc." (Ricœur, 2016a: 288-289). Ricœur (2016a) propõe ser essa capacidade de autodesignação uma capacidade no segundo grau: "é a ela que se pode dar o nome de responsabilidade em um sentido mais vasto que o da imputação jurídica, mas de mesma significação fundamental. É essa responsabilidade que se afirma na atestação da potência" (Ricœur, 2016a: 289).

Ricœur (2016a) assinala, ainda, não ser apenas a responsabilidade que se afirma na atestação da potência de um sujeito, mas também a sua fragilidade: "É o mesmo homem que é responsável e frágil. Frágil responsabilidade, diríamos nós; mas também responsável fragilidade" (Ricœur, 2016a: 291). A fragilidade, propõe o autor, infunde-se no interior da responsabilidade, em seu cerne, "impondo-lhe um estatuto ambíguo e cindido, o de valer a um só tempo como *pressuposição* e como *tarefa*". Sobre esse duplo valor da responsabilidade, Ricœur elucida:

> Considerar-me responsável é acreditar que posso, por exemplo, dar e cumprir minha palavra em tamanho grau, que o outro pode contar com minha fidelidade. A responsabilidade, nesse sentido, vale como uma espécie de *a priori* existencial sem o qual não se poderia falar nem de potência *minha*, nem de imputabilidade, no sentido de autodesignação de si mesmo como autor dos próprios atos. No entanto, por causa da fragilidade, a responsabilidade permanece um estado por conquistar, por adquirir, por cultivar, por preservar. (Ricœur, 2016a: 291)

Retomo neste ponto a proposição de que Violeta parecia requerer em suas queixas a possibilidade de exercício de um ofício cuja prática possa revelar o *quem* da ação, da enunciação, cuja prática possa dizer sobre o seu agente. Então, acrescento a essa proposição que, mais do que ser capaz de agir, de dizer e de contar, Violeta parecia visar ao exercício de um ofício enraizado nas capacidades da imputabilidade e da promessa, em oposição à submissão deste a um conjunto de enunciados vazios e desarraigados, que dão testemunho da ninguém-dade e da indiferença em face dos afetos do mundo. Ao buscar, em sua práxis, *pôr em experiência o que lhe indicava a razão* (Lice, 1928), a professora assumia-se como responsável pelas escolhas que fazia ao apresentar o mundo aos seus alunos, quaisquer que fossem os resultados obtidos. A fragilidade, situada no cerne da responsabilidade, não se lhe apresentava como um risco, mas justamente como a possibilidade de mudar de rumo, de *interpretar inteligentemente*, de examinar e reconfigurar a si mesma e a sua práxis diante de cada novo acontecimento, mesmo que sob acusações "de negligência ou falta de método" (Lice, 1928: 56).

A despeito de dizer ao secretário do Interior sobre as condições bastante precárias que vivia em seu ofício, Violeta não as tomava como algo capaz de justificar uma renúncia ao educar. O *calvário*, denunciado pela professora, revela-se, portanto, a condição de um ofício reiteradamente submetido a inúmeras injunções, mecanismos e instrumentos aportados pela lógica tecnocrática e pelos pretendidos saberes especializados convocados à educação como solução à sua fragilidade. Seu calvário, a despeito da precariedade que vivenciava, seria ver-se alienada a enunciados, programas e metodologias que de alguma forma obliteravam o seu lugar enquanto um *alguém* em sua práxis, que mitigavam o exercício de suas capacidades enquanto agente. É, assim, a liberdade, a possibilidade de agir, de fazer face à responsabilidade de *pôr o mundo em ordem* (Arendt, 2014), que Violeta Leme suplicava ao Secretário do Interior na carta que prefacia a sua obra. A educadora paulista, em suas palavras, reclamava poder ocupar um lugar de enunciação em meio ao maquinário educacional, um lugar no qual lhe fosse possível falar em nome próprio.

Podemos, nesse mesmo sentido, ler e interpretar a forte imagem do calvário, convocada por Violeta para representar a sua experiência como professora. A ideia do calvário está intimamente ligada ao sentido de *suportar* que se aninha no sofrer, à ideia de um alguém que resiste em nome de algo irredutível às circunstâncias do instante. E essa capacidade de *suportar* – de incorporar algo do *agir* à passividade do *sofrer* – apenas se faz possível pois, como toda ação, está animada por princípios. Princípios esses que permitem ao sujeito continuar a subir a colina mesmo com adversidades que o atingem. Como elucidado anteriormente, um princípio, contrariamente a uma finalidade, é sempre inexaurível, isto é, pode ser repetido indefinidamente sem que perca o vigor e a validade na execução de uma ação (Arendt, 2014).

Reitero, por fim, o fato de que a experiência de Violeta *personifica, pessoaliza* – atribui nome e sobrenome, acrescenta enredos, cenários e personagens – algumas das operações centrais visadas nesta obra. Ela atribui concretude à proposição de ser o sofrimento docente um fenômeno decorrente dos constrangimentos infligidos às *capacidades do professor enquanto agente humano* ou, a partir de uma perspectiva arendtiana, das ameaças às condições de possibilidade de o professor fazer-se presente em seu ofício como um *alguém* (Arendt, 2015). A narrativa da professora soma também argumentos à proposição de ser o sofrimento enunciado por um professor um indicativo de potência e não apenas uma doença, uma forma de paralisia ou renúncia docente que deve ser extinguida e remediada.

Esse reposicionamento no modo de mirar o sofrimento de um professor em seu ofício permite, ainda, que a sua *dimensão enunciativa* seja resgatada, trazendo à luz aquilo que o sofrer *questiona* e *convoca* [*la souffrance interroge et appelle* (Ricœur, 2021)]. Possibilita o exame do sofrimento como uma forma de enunciar a existência de um alguém, de um alguém que sofre ao ver-se enclausurado em mecanismos de uma educação hoje imersa em uma lógica tecnocrática e fabricadora que visa suprimir qualquer traço de singularidade que possa emergir dos sujeitos situados sob o seu domínio, sujeitos submetidos à lógica do "mundo contemporâneo que nos ameaça não apenas com o *nada*, mas também com o *ninguém*" (Arendt, 2016: 269; grifos nossos).

A tentativa de transformar o educar em uma atividade impessoal e fabricadora, de reduzi-lo a um conjunto objetivo de técnicas e conteúdos que dispensariam a ação de um sujeito, parece inserir-se no moderno crescimento da ausência-de-mundo, descrito por Arendt (2016), no movimento de destruição do que há *entre nós*, na expansão do *deserto* (Arendt, 2016). Arendt vale-se da metáfora do deserto para referir-se ao crescente desaparecimento do mundo público e comum, para designar a condição de vida na qual a existência humana vê-se ameaçada pelo *desarraigamento* e pela *superfluidade* (Arendt, 2012).

Assim, em um mundo ameaçado pela desertificação, não me parece ser o sofrimento uma condição que indicaria que *algo vai mal* com um sujeito, mas justamente o seu oposto: a indiferença, a adaptação absoluta às condições de vida no deserto. O problema não está necessariamente naquele que sofre, que se sente mal, mas na plácida renúncia à esperança de "que nós, que não somos do deserto, embora vivamos nele, podemos transformá-lo num mundo humano" (Arendt, 2016: 266). O risco consiste em perdermos as faculdades de agir e de sofrer, faculdades humanas que, conjugadas, "nos permitem transformar pacientemente o deserto" (Arendt, 2016: 267). Apenas aquele capaz de padecer a paixão de viver sob as condições do deserto, continua a autora, "pode reunir em si mesmo a coragem que está na base da ação, a coragem de se tornar um ser ativo" (Arendt, 2016: 267).

Não haveria, portanto, necessariamente algo errado – uma patologia, um distúrbio, uma insuficiência – com aqueles que se sentem mal no educar, com sujeitos que sofrem em meio a práticas e relações educativas inclinadas ao desarraigamento e à superfluidade humana. Pelo contrário, precisamente porque sofremos nas condições de vida do deserto, diz Arendt (2016), "é que ainda somos humanos e ainda estamos intactos; o perigo está em nos tornarmos verdadeiros habitantes do deserto e nele passarmos a nos sentir em casa" (2016: 267). Assim, à interpretação do sofrimento docente como paralisia – ou ainda, por um viés medicalizante, como doença –, acrescento a possibilidade de ser ele também indicativo da *potência* intrínseca a todo agente humano.

Potência do dizer, do agir, do contar, do prometer e do imputar-se como agente, mas também *potência* em seu sentido mais simples e objetivo, como aquele que pode nos indicar um dicionário:[15] força capaz de *mover* algo; poder de *decidir*; conjunto de elementos internos e externos que podem *promover mudanças em um ser*; poder de *promover uma transformação em algo, em alguém ou em si mesmo*.

CONSIDERAÇÕES FINAIS
O que o sofrimento docente dá a pensar?

É por isso que muitas vezes nos aconteceu dizer que resolver poeticamente as aporias era menos dissolvê-las do que despojá-las de seu efeito paralisante e torná-las produtivas.

Paul Ricœur

O que o sofrimento docente dá a pensar? Em uma reflexão relativamente análoga, Ricœur conclui seu texto "*La souffrance n'est pas la douleur*" (2021), que orientou parte importante das reflexões apresentadas neste livro, com uma seção intitulada: "o que o sofrimento dá a pensar". Com esse título, Ricœur faz menção à máxima, bastante conhecida e por ele examinada em diversos momentos de sua obra, na qual afirma que "o símbolo dá a pensar" [*le symbole donne à penser*] (1959). Essa sentença, assinala o autor, diz duas coisas a um só tempo: "o símbolo dá; eu não atribuo o sentido, é o símbolo que dá o sentido; mas isso que ele dá é a pensar, em que pensar" (Ricœur, 1959: 61; tradução nossa).

O paralelo estabelecido pela semelhança de ambas as sentenças formuladas pelo autor – sobre o símbolo e sobre o sofrimento – instigou-me a buscar o que esses elementos poderiam, de algum modo, ter em comum. Dentre as diversas análises e definições que Ricœur desenvolve acerca do símbolo, há uma delas que me parece particularmente fecunda no que concerne às proposições desenvolvidas nesta obra. Ricœur (1976: 66) propõe que "o símbolo só suscita pensamento se, primeiro, suscitar a fala". De modo semelhante, parece possível afirmar que o sofrimento apenas *dá a pensar*, isto é, abre um horizonte no qual se faz possível a proposição de novas configurações, deslocamentos e metaforizações dos elementos mobilizados em seu aparecimento, quando convoca a fala. Ou poderíamos dizer, o sofrimento apenas dá a pensar quando o convocamos ao campo da palavra e da linguagem.

Em minha experiência, bem como em parte da literatura hoje produzida acerca do sofrimento docente, observa-se, contudo, a existência de um movimento que segue em sentido oposto a esse que suscita e se abre à infindável atividade de tessitura do pensamento e de sua enunciação pública – a fala. Tal movimento opera no sentido de apreender o sofrimento de um sujeito a partir de nomenclaturas e expressões cada vez mais técnicas, precisas e unívocas. É ele motivado pela pretensão de conferir estabilidade e controle a algo que é sempre e estruturalmente aberto, frágil e indeterminado, a saber, a própria condição humana. E neste ponto, aquilo que Ricœur assinala a respeito do símbolo e de seu convite ao pensamento parece também valer para a forma pela qual aqui examinamos a experiência do sofrimento de um sujeito. "Se nenhum conceito pode esgotar a exigência de ulterior pensamento produzido pelos símbolos, esta ideia significa apenas que nenhuma categorização dada pode abarcar todas as possibilidades semânticas de um símbolo" (Ricœur, 1976: 69). O sofrimento, assim como o símbolo, não parece passível de ser explicado a partir de uma semântica unívoca e restrita, uma vez que comporta um *excesso de significação* (Ricœur, 1976).

Esse *excesso de significação*, propõe Ricœur (1976: 67), é aquele do mar que nos antigos mitos significa mais do que a vastidão da água que se pode ver da praia. Ou ainda do nascer do sol que em um poema significa mais do que um simples fenômeno meteorológico

(Ricœur, 1976). Foi, então, o exercício de reconhecimento do *excesso de significação* que o sofrimento de um professor comporta que me permitiu propor uma subversão no modo de interpretá-lo. Esse reconhecimento, por sua vez, deu-se a partir do resgate da dimensão enunciativa dos fenômenos do sofrer, daquilo que no sofrimento questiona e convoca (Ricœur, 2021), daquilo que o sofrimento diz do sujeito que sofre, mas também do sujeito que resiste. Ao examinar o sofrimento de um professor a partir do campo da palavra e da linguagem, resgato justamente aquilo que as lógicas nosográfica e medicalizante, por meio das quais esse fenômeno é hoje frequentemente lido, encobrem e rejeitam: o sujeito e a sua experiência junto aos outros.

Ao incorporar à essa reflexão vozes, narrativas e acontecimentos do cotidiano docente busco torná-la um pouco mais permeável àquilo frequentemente não contado nas pesquisas e reportagens que versam sobre o grande número de professores adoecidos e afastados de suas funções. Aspectos como a precariedade simbólica do ofício docente, bem como os constrangimentos infligidos à possibilidade de os professores exercerem as suas capacidades enquanto agentes dificilmente são considerados nas estatísticas que buscam aferir as causas do sofrimento a um professor.

Tais constrangimentos, como elucidado no decorrer deste estudo, relacionam-se ao apagamento do lugar distintivo destinado ao professor no tecido simbólico social. À docência é hoje reservado um lugar com contornos difusos e equívocos, reiteradamente posto em suspeição no imaginário social brasileiro. Essa condição, por sua vez, impõe àqueles que têm no ensino escolar sua profissão e seu modo de vida a contradição de habitar um não lugar. Devem ser capazes de agir, de dizer, de (se) narrar sem, contudo, encontrar no outro, no social, na teia de relações humanas, o reconhecimento, a sustentação, a ressonância sem a qual se torna difícil ao sujeito encontrar *modos de se dizer*, de contar sobre si uma história. Ao *dizer-se*, um

205

sujeito sempre o faz em um tecido inter-narrativo. Não há como fazê-lo de modo isolado, sem que um lugar junto aos outros lhe seja previsto e reconhecido. Estar isolado, assinala Arendt (2015), é estar privado da capacidade de agir. A ação e a enunciação *necessitam* da presença circunvizinha de outros.

Compondo o processo de precarização do ofício docente, o discurso tecnicista, hoje bastante presente no campo educativo brasileiro, visa atestar a superfluidade dos sujeitos que se ocupam da educação. A centralidade e autonomia das dimensões técnica e metodológica do ensino, como elucidado no decorrer desta obra, transforma o professor em uma figura abstrata, intercambiável e desarraigada. Para que a fabricação educativa funcione como previsto, torna-se necessário que aquilo que diferencia e singulariza os sujeitos seja suprimido. A personalidade da professora, como assinala Violeta, aquilo que o sujeito revela por meio de atos e palavras e torna possível o seu aparecimento no mundo como um *alguém*, é reiteradamente apagado nesta lógica. Em suma, o discurso tecnicista advoga ser possível ao sujeito eximir-se das faculdades essencialmente humanas da ação e da enunciação para operar apenas sob a lógica segura e estável dos meios e fins, na qual é dele esperado apenas o comportamento – previsível e determinado.

A pretensão de que o sujeito seja capaz de se desvencilhar da imprevisibilidade e ilimitabilidade da ação e da enunciação pode ser igualmente interpretada como a crença na possibilidade de que o sujeito seja capaz de se livrar do *mal-estar*, do fardo, do risco, do preço cobrado pelo viver junto a outros no campo da palavra e da linguagem, enquanto seres marcados pela pluralidade. Esse *mal-estar*, esse lugar instável e indeterminado ao qual a ação e a enunciação lançam o agente, relaciona-se com o fato de serem eles sempre uma aposta, e, como toda aposta, operarem em meio a riscos e incertezas. Sendo assim, o mal-estar não é algo episódico, tampouco passível de ser suprimido ou curado. Ele é indissolúvel, é parte da própria condição humana, de forma tal que nos resta apenas encontrar meios de *geri-lo*, de com ele conviver de forma digna.

O que, por sua vez, é sempre contingencial e singular é a forma que essa condição assume na experiência de um sujeito: a falta de proporção da vida junto a outros é invariável em sua ocorrência, mas variável e indeterminada em sua forma. Há, contudo, lógicas operativas, como aquela sob a qual se orienta o tecnicismo, que parecem instituir aos sujeitos condições nas quais eles veem limitadas as suas possibilidades de ação e deslocamento em face daquilo que a instabilidade da condição humana lhes impõe. Tais condições, por sua vez, são justamente aquelas que infligem sofrimento ao sujeito. Isso porque, ao buscar suprimir da experiência humana o mal-estar, ao buscar suturar a *margem de indeterminação* de toda ação e enunciação, o discurso tecnicista acaba por suprimir igualmente a possibilidade de emergência do novo, da diferença. É na margem de indeterminação que se faz possível o aparecimento do sujeito, de um *alguém* capaz de exercer suas capacidades enquanto agente humano.

Para concluir, ainda que advertida acerca da autonomia que toda obra adquire ao ser colocada no mundo, bem como dos efeitos imprevisíveis que marcam a sua recepção, permito-me deixar aqui registrado – em forma de expectativas – algo do *sentido* assumido por essa investigação em minha experiência. Que as proposições desenvolvidas neste estudo, enraizadas nos depoimentos e narrativas configuradas a partir de experiências docentes, criem condições de possibilidade aos *excessos de significação* e à metaforização da forma corrente pela qual é hoje concebido o sofrimento de um professor. Que antes de ser reduzido a uma doença, seja também possível interpretá-lo como um *indício de potência*. Que a reconfiguração das categorias e grelhas de leitura dos fenômenos do sofrer possibilite, assim como a metáfora opera na linguagem, a redução do choque gerado entre duas ideias a princípio incompatíveis. Que permita "o aparecimento de um parentesco onde a visão ordinária não percepciona

O *sofrimento docente*

qualquer relação" (Ricœur, 1976: 63). Que, ao associar elementos e ideias que aparentemente não se ajustam, sejam atribuídos ao aparente mal-entendido "uma nova relação de sentido, até então despercebida, entre os termos que prévios sistemas de classificação ignoravam ou não admitiam" (Ricœur, 1976: 63).

Por fim, que as resoluções poéticas das aporias aqui ensaiadas nos permitam dizer algo novo acerca da realidade e, assim, pôr em movimento as categorias e concepções que paralisam e identificam os sujeitos. Que possamos continuar nos questionando acerca daquilo que o sofrimento docente dá a pensar e que, assim como na poesia, novas configurações do sensível tragam à linguagem "novos modos de estar no mundo, de aí viver e de nele projetar as nossas possibilidades mais íntimas" (Ricœur, 1976: 72). Que esta obra seja como um lembrete – em especial aos professores – da liberdade em que está radicada toda a ação humana; que ele possa lançar luz à potência que se desdobra do reconhecimento do fato de que apenas aqueles que agem podem também sofrer.

Posfácio

Costumo lembrar que nem toda tese de doutorado comporta de fato uma tese. Este julgamento restritivo não concerne àquilo que comumente entende-se por originalidade em um trabalho de doutoramento no campo da educação. Supõe-se às pressas que a originalidade de uma tese residiria na amostra de dados empíricos tratados. Por exemplo, se historicamente o tipo de estudo "x" foi feito em turmas da primeira série de escolas públicas, mas a tese em questão trata da mesma série em escolas privadas, então, esta última seria original com relação à primeira em virtude de recolher dados em um terreno diferente de indagação. Nessa mesma direção, uma tese sobre o dito sofrimento docente poderia ser qualificada como original se, por exemplo, tivesse se ocupado de professores homens enquanto uma anterior teria tão somente interrogado professoras. Sem dúvida alguma trata-se de pesquisas até certo ponto diferentes, mas não diria que a segunda é original com relação à primeira por essa simples razão. Reservo o qualificativo original para aqueles trabalhos de tese que de fato implicam uma tese.

Sustentar uma tese comporta fazer uma afirmação capaz de subverter o *status quo* num domínio epistêmico determinado. Assim, um trabalho de tese doutoral comporta de fato uma tese se apresentar a uma comunidade intelectual determinada o percurso de produção de uma ideia capaz de embaralhar novamente os termos de um debate ou de instalá-lo aí onde até então primava o silêncio da mesmice. Nesse sentido, uma tese doutoral pode ser um ótimo trabalho acadêmico sem por isso ser uma tese, bem como pode conter de fato uma tese que dará o que falar por um bom tempo.

O livro que acabamos de ler foi composto a partir de um trabalho doutoral que comporta de fato uma tese. O que significa – caro(a) leitor(a) – que desta vez você comprou dois produtos juntos: um livro composto a partir dos resultados de uma tese doutoral e, mais ainda, a apresentação do percurso gestacional de uma ideia que veio instalar um debate em que imperava a mesmice sobre o famigerado sofrimento docente.

A tese doutoral que deu lugar a este livro de Caroline Fanizzi foi desenvolvida sob o regime de cotutela internacional conforme convênio assinado entre a Universidade de São Paulo e a Université Paris 8 e defendida no final de 2022 perante uma banca binacional. Caroline residiu um ano em Paris – o que em princípio os leitores poderiam pensar ser algo simples, mas não o é.

Habitar uma outra língua e nela viver uma outra vida cotidiana exige sempre um certo trabalho psíquico que nem todos estão dispostos a fornecer em qualquer momento. Outra coisa diferente é vir a Paris por uns dias e passear de "*bateau mouche*"! Porém, Caroline não só "aguentou o tranco" – como se diz em bom português – do trabalho psíquico implicado nesse deslocamento que parece ter tocado a *extimidade* do ser – para valer-me do neologismo de Jacques Lacan – senão que, mais ainda, no turbilhão dessa operação acabou descolando uma série de ideias consensuais sobre o "sofrimento docente", produzindo, assim, ao mesmo tempo, um trabalho doutoral e uma tese *stricto sensu*.

Posfácio

Todo trabalho de pensamento implica pensar com outros, ou junto aos outros, ou entrar em ressonância com as ideias de outros – já mortos ou ainda vivos – que oferecem seus corpos para que ideias possam pensar-se a si mesmas. Em suma, não há trabalho de tese sem o pesquisador vir a se situar em uma série de pensadores pensados por ideias. Por isso mesmo, de nada serve acumular quilos de dados empíricos, como fazem muitos doutorandos que depois não sabem o que fazer com eles para além de tecer alguns poucos comentários mais ou menos evidentes já no início da tese. Parte das pesquisas no campo das ciências humanas e sociais não consegue se desvencilhar do fatorialismo empírico segundo o qual todo e qualquer "dado" é passível de ser correlacionado no interior de um conjunto mais ou menos extenso de medidas. Em se tratando do "sofrimento docente", o comum dos trabalhos nos informa que os professores sofrem em virtude da somatória de um conjunto de fatores de risco mais ou menos variáveis conforme o tempo, a geografia, o sexo, o gênero, a religião, a altura e as preferências alimentares. Devido à impossibilidade de "meter a mão" nesse caldeirão de fatores, esses trabalhos acabam sem "querer-querendo" endossando a costumeira e resignada inibição acompanhada por doses de psicofármacos e/ou de todo tipo de prezes.

Nesse sentido, onde os outros descrevem, Caroline pensou: o dito sofrimento docente não é o indício de nenhuma doença do corpo ou do espírito passível das mais diversas cataplasmas, mas o sinal da resistência de um sujeito a abrir mão de sua dignidade na travessia de um deserto.

Caroline se deixou acompanhar na travessia de pesquisa por meu amigo e colega – o professor José Sérgio Fonseca de Carvalho – e por mim, coorientadores do duplo doutoramento franco-brasileiro. Mas o trabalho dos orientadores, embora necessário, nunca é suficiente se a doutoranda não realiza o trabalho de se situar singularmente no campo onde aqueles situam-se por sua vez. Foi assim que Caroline se

O sofrimento docente

lançou a garimpar um lugar "para" e "por" ela nos estudos filosóficos e psicanalíticos sobre a educação nos quais participam seus hoje ex-orientadores. Esse trabalho de pensamento cobra um preço que nem todos estão dispostos a pagar, aquele de pesquisar/escrever em nome próprio na contramaré da mesmice consensual.

Sigmund Freud, quando já tinha se convertido em Freud, referiu-se saudosamente ao tempo solitário da invenção daquilo que viria a ser psicanálise na contramaré da mesmice médica da época como sendo um tempo de exílio. A emergência de uma tese exige sempre um pouco desse mesmo e paradoxal tempo de exílio. Aliás, toda operação leitora implica também algo dele. Por isso mesmo, caro(a) leitor(a), não se furte ao prazer de se exilar retomando a leitura deste excelente livro.

Leandro de Lajonquière
Université Paris 8

Notas

"Introdução"

[1] Classificação Internacional de Doenças (CID).

Capítulo "Os contornos do sofrimento docente"

[2] É possível encontrar na obra de Pereira (2016) as referências dos trabalhos identificados, bem como as análises desse material realizadas pelo autor.

[3] Berger, I. Le malaise socioprofessionnel des instituteurs français. *Revue Internationale de Pédagogie*, v. 3, pp. 335-346, 1957.

[4] Esteve, J. M. *El malestar docente*. Barcelona: Laia, 1987.

[5] São alguns dos títulos: "Professoras e professores adoecem devido às péssimas condições de trabalho" (2019), "Por que nossos professores estão adoecendo?" (2019), "Brasil: o país que menos valoriza o professor" (2018), "Só 2,4% dos jovens brasileiros querem ser professor" (2018), "Por que a docência não atrai?" (2010).

Capítulo "O sofrimento docente no *viver junto aos outros*"

[6] Christian Dietrich Grabbe, no livro *Hannibal*: "Ja, aus der Welt werden wir nicht fallen. Wir sind einmal darin" ["Sim, para fora do mundo não cairemos. Simplesmente estamos nele"].

[7] A Escola Modelo era uma instituição anexa à Escola Normal que, com um moderno e vasto "material escolar importado e prédio apropriado, tinha como função a criação de bons moldes de ensino. Nela, os futuros mestres podiam aprender a arte de ensinar vendo como as crianças eram manejadas e instruídas" (Carvalho, 2000: 112).

[8] Trechos retirados de propagandas on-line de cursos para formação de professores e reportagens acerca do que seria um bom professor.

[9] "Desde a sua criação nas cidades-estados gregas, o tempo escolar tem sido o tempo em que o 'capital' (conhecimento, habilidades, cultura) é expropriado, liberado como um 'bem comum' para o uso público, existindo, portanto, independente de talento, habilidade ou renda" (Masschelein e Simons, 2018: 15).

Capítulo "O impossível sonho da fabricação: a docência ameaçada pelo ninguém"

[10] Hannah Arendt faz em sua obra uma distinção entre os termos *story* (estória) e *history* (história), mantida na revisão de Adriano Correia de *A condição humana* (2015). Correia assinala que a despeito de o termo *estória* ser um tanto antiquado em português, tal distinção é fundamental visto que Arendt vale-se de cada um dos referidos termos em contextos específicos. O seguinte trecho nos parece bastante elucidativo dessa distinção: "Que toda vida individual entre o nascimento e a morte possa afinal ser narrada como uma estória [*story*] com começo e fim é a condição pré-política e pré-histórica da história [*history*], a grande estória sem começo nem fim" (Arendt, 2015: 228).

[11] Hannah Arendt, Denktagebuch - 1950-1973, p. 523 (caderno XXI, n. 26, abril de 1955) apud Correia (2015: XXIV).

[12] Fazemos menção de modo específico à lógica de produção fabril em sua modalidade industrial. Ainda que a obra do artesão seja também regida pela lógica da fabricação, ela implica, em alguma medida, a pessoalidade, a singularidade e mudanças de rumo. Assim, embora o objeto fabricado ganhe independência de seu produtor, suas marcas singulares nele se imprimem, de forma que *na argila do vaso fiquem marcadas as mãos do oleiro* (Benjamin, 2012).

Capítulo "Uma fenomenologia do sofrimento docente"

[13] A publicação feita pelo professor teve grande repercussão e foi noticiada por diversos meios de comunicação. O ocorrido foi relatado na reportagem "Em post que viralizou, professor reflete sobre própria apatia na pandemia e diz que se sentiu um 'lixo' ao ver salas vazias", do portal G1. Disponível em: <https://g1.globo.com/educacao/noticia/2021/05/25/em-post-que-viralizou-professor-reflete-sobre-propria-apatia-na-pandemia-e-diz-que-se-sentiu-um-lixo-ao-ver-salas-vazias.ghtml>. Acesso em: 3 jul. 2022.

[14] Em tradução livre: "O sofrimento não é a dor".

Capítulo "Perante a ninguém-dade, a personalidade de uma professora"

[15] Dicionário Michaelis On-line. Disponível em: <https://michaelis.uol.com.br/busca?r=0&f=0&t=0&palavra=pot%C3%AAncia>. Acesso em: 3 jun. 2022.

Referências bibliográficas

ALMEIDA, Vanessa Sievers de. Educação e liberdade em Hannah Arendt. *Educ. Pesqui.*, São Paulo, v. 34, n. 3, pp. 465-479, dez. 2008.

_____. A distinção entre conhecer e pensar em Hannah Arendt e sua relevância para a educação. *Educação e Pesquisa*, São Paulo, v. 36, n. 3, pp. 853-865, set./dez. 2010.

_____. O que estamos fazendo quando educamos? (Conferência). In: *XIII Encontro Internacional Hannah Arendt* [on-line], 2021. Disponível em: https://www.youtube.com/watch?v=VH5TFQuF6ec&t=386s. Acesso em: 2 fev. 2022.

ARENDT, Hannah. *Responsabilidade e julgamento*. Trad. Rosaura Eichenberg. São Paulo: Companhia das Letras, 2004.

_____. Trabalho, obra, ação. *Cadernos de Ética e Filosofia Política* v. 7, n. 2, pp. 175-201, 2005.

_____. *Origens do totalitarismo*. Trad. Roberto Raposo. São Paulo: Companhia das Letras, 2012.

_____. *Entre o passado e o futuro*. Trad. Mauro W. Barbosa. 7. ed. São Paulo: Perspectiva, 2014.

_____. *A condição humana*. Trad. Roberto Raposo. 12. ed. rev. Rio de Janeiro: Forense Universitária, 2015.

_____. *A promessa da política*. Trad. Pedro Jorgensen Jr. 6. ed. Rio de Janeiro: Difel, 2016.

_____. *A vida do espírito*: o pensar, o querer, o julgar. Trad. Cesar Augusto R. de Almeida, Antônio Abranches e Helena Franco Martins. 8. ed. Rio de Janeiro: Civilização Brasileira, 2019.

AZANHA, J. M. P. Uma reflexão sobre a didática. *Educação: alguns escritos*. São Paulo: Ed. Nacional, 1987, pp. 70-77.

_____. Uma reflexão sobre a formação do professor da escola básica. *Educação e Pesquisa*, São Paulo, v. 30, n. 2, pp. 369-378, maio/ago. 2004.

BATISTA, Douglas Emiliano. *Da magnificência da didática a um ensino não-todo*: um ensaio de psicanálise e educação. 2013. Tese (Doutorado em Educação) – Faculdade de Educação. Universidade de São Paulo, São Paulo, 2013.

BENJAMIN, Walter. O narrador. *Magia e técnica, arte e política*: ensaios sobre literatura e história da cultura. Trad. Sérgio Paulo Rouanet. 8. ed. São Paulo: Brasiliense, 2012.

BERGER, I. "Le malaise socioprofessionnel des instituteurs français". *Revue Internationale de Pedagogie*, v. 3, n. 3, pp. 335-46, 1957.

BLANCHARD-LAVILLE, Claudine. Du soin psychique aux enseignants: psychopathologie du quotidien de l'enseignant. *Cliniques méditerranéennes*, v. 77, n. 1, pp. 159-176, 2008.

_____. À l'écoute des enseignants: violences dans le lien didactique. *Revue de psychothérapie psychanalytique de groupe*, v. 55, n. 2, pp. 147-162, 2010.

BOTO, Carlota. A civilização escolar como projeto político e pedagógico da modernidade: Cultura em classes, por escrito. *Cadernos Cedes*, Campinas, v. 23, n. 61, pp. 378-397, dez. 2003.

BOURDIEU, Pierre. *Coisas ditas*. Trad. Cássia R. da Silveira e Denise Moreno Pegorim; revisão técnica Paula Montero. São Paulo: Brasiliense, 2004.

CARVALHO, José Sérgio Fonseca de. Política e educação em Hannah Arendt: distinções, relações e tensões. *Educação & Sociedade* [on-line], v. 35, n. 128, pp. 813-828, 2014.

_____. *Por uma pedagogia da dignidade*: memórias e reflexões sobre a experiência escolar. São Paulo: Summus, 2016.

_____. *Educação, uma herança sem testamento*: diálogos com o pensamento de Hannah Arendt. São Paulo: Perspectiva: Fapesp, 2017.

_____. Escolha curricular como problema filosófico: uma análise crítica das diretrizes curriculares nacionais do Ensino Médio. *Educação em Revista* [on-line], Belo Horizonte, v. 35, 2019.

CARVALHO, M. M. C. Modernidade pedagógica e modelos de formação docente. *São Paulo em Perspectiva* [on-line], v. 14, n. 1, pp. 111-120, 2000.

CASTORIADIS, C. *A instituição imaginária da sociedade*. Trad. Guy Reynaud. Rio de Janeiro: Paz e Terra, 1982.

CIFALI, Mireille. Ofício "impossível"? uma piada inesgotável. *Educação em Revista – UFMG*, v. 25, n. 1, pp. 149-164, 2009.

CLAVREUL, J. *A ordem médica*: poder e impotência do discurso médico. São Paulo: Brasiliense, 1983.

COMÊNIO, J. A. *Didática Magna*: Tratado da arte universal de ensinar tudo a todos. Trad. Joaquim Ferreira Gomes. Lisboa: Gráfica de Coimbra, 1966.

Referências bibliográficas

CORREIA, A. Quem é o animal laborans de Hannah Arendt? *Rev. Filos.*, Aurora, Curitiba, v. 25, n. 37, pp. 199-222, jul./dez. 2013.

_____. Pensar o que estamos fazendo. In: ARENDT, Hannah. *A condição humana.* Trad. Roberto Raposo. 12. ed. rev. Rio de Janeiro: Forense Universitária, 2015, pp. XIII-XLIX.

FANIZZI, Caroline. A docência sob a hegemonia da dimensão técnica e metodológica do discurso educacional. *Educ. Soc.*, Campinas, v. 40, 2019.

_____; DE LAJONQUIÈRE, Leandro. A palavra docente como resposta à natalidade. *Educação Temática Digital – ETD*. Campinas, 2023. (no prelo).

FERREIRA, N. T.; EIZIRIK, M. F. Educação e imaginário social: revendo a escola. *Em Aberto*, Brasília, ano 14, n. 61, jan./mar. 1994.

FOUCAULT, Michel. *Vigiar e punir:* nascimento da prisão. Trad. Raquel Ramalhete. 42. ed. Petrópolis: Vozes, 2014.

_____. *A arqueologia do saber.* Trad. Luiz Felipe Baeta Neves. 8. ed. Rio de Janeiro: Forense Universitária, 2015.

FREUD, Sigmund. Cinco lições de psicanálise. In: *Obras psicológicas completas*: edição standard brasileira. Rio de Janeiro: Imago, 1970, v. XI.

_____. A psicologia das massas e a análise do eu. In: *Obras psicológicas completas*: edição standard brasileira. Rio de Janeiro: Imago, 1972, v. VII.

_____. Algumas reflexões sobre a psicologia escolar. In: *Obras completas.* Rio de Janeiro: Imago, 1976.

_____. Análise terminável e interminável. In: *Obras psicológicas completas de Sigmund Freud*: edição standard brasileira. Trad. Maria Aparecida Moraes Rego. Rio de Janeiro: Imago, 1996, v. 23.

_____. O mal-estar na civilização. In: *Obras completas (1930-1936).* São Paulo: Companhia das Letras, 2010, v. 18.

_____. O futuro de uma ilusão. In: *Obras completas,* v. 17. Trad. Paulo César de Souza. São Paulo: Companhia das Letras, 2014.

GAUCHET, Marcel; BLAIS, Marie-Claude; OTTAVI, Dominique. *Pour une philosophie politique de l'éducation*: six questions d'aujourd'hui. Pluriel, 2013.

GORI, R.; DEL VOLGO, M-J. *La santé totalitaire*: essai sur la médicalisation de l'existence. Paris: Denoël, 2005.

IMBERT, Francis. *A questão da ética no campo educativo.* Trad. Guilherme João de Freitas Teixeira. Petrópolis: Vozes, 2001.

LACAN, Jacques. *O seminário*: Livro 7. A ética da psicanálise. Rio de Janeiro: Zahar, 1959-60/1988.

_____. *O seminário*: Livro 1. Os escritos técnicos de Freud, 1953-1954. Texto estabelecido por Jacques-Alain Miller; versão brasileira Betty Milan. 2. ed. Rio de Janeiro: Zahar, 2009.

LAJONQUIÈRE, Leandro (de). Dos erros e em especial daquele de renunciar à educação. *Estilos da Clínica*, n. 2, pp. 26-43, 1997.

_____. A psicanálise e o mal-estar pedagógico. *Revista Brasileira de Educação*, n. 8, maio/jun./jul./ago., 1998a.

_____. (Psico)pedagogia, psicanálise e educação. *Estilos da Clínica*, n. 5, pp. 120-134, 1998b.

_____. Niños extraños. *En Cursiva – Revista Temática*, Buenos Aires, n. 4, pp. 54-60, abr. 2008a.

_____. De como jogamos fora a criança com a água suja do amoródio. Trabalho apresentado no *7º Colóquio Internacional do LEPSI*, São Paulo, nov. 2008b.

_____. *Infância e ilusão (psico)pedagógica*: escritos de psicanálise e educação. 4. ed. Petrópolis: Vozes, 2009.

_____. *Figuras do infantil.* Petrópolis: Vozes, 2010.

_____. Das contribuições da psicanálise e da formação de professores. In: ORNELLAS, Maria de Lourdes (org.). *Entre-linhas*: educação, psicanálise e subjetividade. Salvador: EDUFBA, 2014.

_____. Quando o sonho cessa e a ilusão psicopedagógica nos invade, a escola entra em crise. Notas comparativas Argentina, Brasil, França. *Educação Temática Digital*, v. 21, n. 2, pp. 297-315, 2019.

_____. Por uma escola inclusiva ou da necessária subversão do discurso (psico)pedagógico hegemônico. *Revista Política & Sociedade*, v. 19, n. 46, pp. 39-64, 2020.

_____. De um psicanalista na educação. In: PESSOA, M.; ROSADO, J. (org.). *As abelhas não fazem fofoca*: estudos psicanalíticos no campo da educação. São Paulo: Instituto Langage, 2021. (Coleção Psicanálise e Educação)

_____. Sobre a irremediável educação. *Estudos de Sociologia*, v. 28, 2022a.

_____. *Avez-vous entendu parler de la crise?* Paris, 2022b. (não publicado).

LEBRUN, J. P. *Um mundo sem limite*: ensaio para uma clínica psicanalítica do social. Rio de Janeiro: Companhia de Freud, 2004.

LICE, Dora. *O calvário de uma professora.* São Paulo: Estabelecimento Gráfico Irmãos Ferraz, 1928.

MASSCHELEIN, Jan; SIMONS, Maarten. *Em defesa da escola*: uma questão pública. Trad. Cristina Antunes. 2. ed. Belo Horizonte: Autêntica, 2018.

_____.; _____.; LARROSA, Jorge. A questão com a escola/da escola: tramas da fábula escolar. Trad. Caroline Fanizzi e Anyele Lamas. In: CARVALHO, José Sérgio Fonseca de. *Jacques Rancière*: Educação, política e emancipação. São Paulo: Autêntica, 2022.

MILLOT, Catherine. *Freud antipedagogo.* Trad. Ari Roitman. Rio de Janeiro: Jorge Zahar, 1987.

MORAES, D. Z. Violeta Leme Fonseca (Dora Lice): a biografia de uma professora a contrapelo do seu legado literário. In: VIDAL, D. G.; VICENTINI, P. P. (orgs.). *Mulheres Inovadoras no Ensino* (São Paulo, séculos XIX e XX). Belo Horizonte: Fino Traço, 2019.

NETO, Rodrigo Ribeiro Alves. Mundo e alienação na obra de Hannah Arendt. *Filosofia Unisinos*, v. 9, n. 3, pp. 243-257, set./dez. 2008.

OLIVEIRA, L. M. S. *Os compêndios de formação de professores*: o impresso como fonte de práticas e saberes pedagógicos. 2017. Dissertação (Mestrado em Educação) – São Paulo, Faculdade de Educação, Universidade de São Paulo, 2017.

PASSOS, I. C. F. A Construção da Autonomia Social e Psíquica no Pensamento de Cornelius Castoriadis. *Pesquisas e Práticas Psicossociais*, v. 1, n. 1, São João del-Rei, jun. 2006.

PENNAC, Daniel. *Diário de escola.* Trad. Leny Werneck. Rio de Janeiro: Rocco, 2008.

PEREIRA, Marcelo Ricardo. *A impostura do mestre.* Belo Horizonte: Argvmentvm, 2008.

_____. *O nome atual do mal-estar docente.* Belo Horizonte: Fino Traço, 2016.

PECHBERTY, B. Apports actuels de la psychanalyse à l'éducation et l'enseignement: un éclairage fécond. *Éla. Études de linguistique appliquée*, n. 131, pp. 265-273, 2003.

Disponível em: <https://www.cairn.info/revue-ela-2003-3-page-265.htm>. Acesso em: 5 mar. 2021.

PIRONE, Ilaria; WEBER, Jean-Marie. Le travail de parole avec les enseignants: un rempart face aux nouvelles formes de fatigue subjective. *Rev. FAEEBA – Educação e Contemporaneidade*, Salvador, v. 29, n. 60, pp. 147-157, out./dez. 2020.

RANCIÈRE, Jacques. O dissenso. *A crise da razão*. Org. Adauto Novaes. São Paulo: Companhia das Letras, 1996.

_____. *O desentendimento:* política e filosofia. Trad. Ângela Leite Lopes. São Paulo: Editora 34, 2018.

_____. Tomada da palavra e conquista do tempo livre: uma entrevista com Jacques Rancière. In: CARVALHO, J. S. F. de (org.). *Jacques Rancière e a escola*: educação, política e emancipação. Belo Horizonte: Autêntica, 2022.

RICŒUR, Paul. Le symbole donne à penser. *Esprit (1940-)*, n. 275, v. 7/8, pp. 60-76, 1959.

_____. *Teoria da interpretação:* o discurso e o excesso de significação. Trad. Artur Morão. Lisboa: Edições 70, 1976.

_____. Éthique et Morale. *Revista Portuguesa de Filosofia*, v. 46, n. 1, pp. 5-17, 1990.

_____. *Tempo e narrativa 3*: O tempo narrado. Trad. Roberto Leal Ferreira. Campinas: Papirus, 1997.

_____. Devenir capable, être reconnu. *Revue Esprit*, Paris, pp. 125-129, jul. 2005.

_____. A narrativa: seu lugar na psicanálise. In: *Escritos e conferências 1*: em torno da psicanálise. Trad. Edson Bini. São Paulo: Loyola, 2010.

_____. A vida: uma narrativa em busca de um narrador. In: *Escritos e conferências 1*: em torno da psicanálise. Trad. Edson Bini. São Paulo: Loyola, 2010a.

_____. *O si-mesmo como outro*. Trad. Ivone C. Benedetti. São Paulo: WMF Martins Fontes, 2014.

_____. A identidade narrativa. In: *Escritos e conferências 3*: antropologia filosófica. Trad. Lara Christina de Malimpensa. São Paulo: Loyola, 2016.

_____. Paradoxos da Identidade. In: *Escritos e conferências 3*: antropologia filosófica. Trad. Lara Christina de Malimpensa. São Paulo: Loyola, 2016a.

_____. *Parcours de la reconnaissance:* trois études. Paris; Gallimard/Folio, 2017.

_____. La souffrance n'est pas la douleur. In: MARIN, Claire; ZACCAÏ-REYNERS, Nathalie (orgs.). *Souffrance et douleur*: autour de Paul Ricœur. Paris: Presses Universitaires de France, 2021, pp. 13-33.

ROSA, João Guimarães. O espelho. In: *Primeiras estórias*. Rio de Janeiro: Nova Fronteira, 2001.

ROSA, M. D.; DOMINGUES, E. O método na pesquisa psicanalítica de fenômenos sociais e políticos: a utilização da entrevista e da observação. *Psicologia & Sociedade*, v. 22, n. 1, pp. 180-188, 2010.

ROULLET, M. *Les manuels de pédagogie (1880-1920):* apprendre à enseigner dans les livres? Paris: Presses Universitaires de France, 2001.

SALES, L. S. Linguagem no discurso de Roma: Programa de Leitura da Psicanálise. *Psicologia: Teoria e Pesquisa*, v. 20, n. 1, pp. 49-58, 2004.

SÃO PAULO (Estado). Lei n. 10.261, de 28 de outubro de 1968 (Estatuto dos funcionários públicos civis do Estado). *Diário Oficial [do] Estado de São Paulo,* São Paulo, 29 out. 1968. Disponível em: <https://www.al.sp.gov.br/norma/28593>. Acesso em: 5 out. 2021.

_____. Decreto n. 52.968, de 7 de julho de 1972. *Diário Oficial [do] Estado de São Paulo,* São Paulo, 8 de julho de 1972. Disponível em: < https://www.al.sp.gov.br/norma/80950>. Acesso em: 5 out. 2021.

SILVEIRA, T. C. *Por que as pílulas não podem educar?* 2012. Disponível em: <http://www.proceedings.scielo.br/pdf/lepsi/n9/a45n9.pdf>. Acesso em: 2 set. 2020.

_____. *Da infância inventada à infância medicalizada:* considerações psicanalíticas. 2015. Tese (Doutorado em Educação) – Faculdade de Educação, Universidade de São Paulo, São Paulo, 2015.

SKLIAR, Carlos. *Pedagogia (improvável) da diferença:* e se o outro não estivesse lá? Trad. Giane Lessa. Rio de Janeiro: DP&A, 2003.

TANURI, L. M. História da formação de professores. *Rev. Bras. Educ.,* n.14, pp. 61-88, 2000.

TARDIF, Maurice; RAYMOND, Danielle. Saberes, tempo e aprendizagem do trabalho no magistério. *Educ. Soc*, Campinas, n. 73, pp. 209-244, dez. 2000.

VOLTOLINI, Rinaldo. Psicanálise e formação docente. In: VOLTOLINI, R. (org.). *Psicanálise e formação de professores:* antiformação docente. São Paulo: Zagodoni, 2018.

Reportagens citadas

CALIXTO, T. Professores sofrem com transtornos mentais e de comportamento na baixada santista. *A Tribuna,* 20 out. 2019. Disponível em: <https://www.atribuna.com.br/cidades/professores-sofrem-com-transtornos-mentais-e-de-comportamento-na-baixada-santista-1.72155>. Acesso em: 10 fev. 2020.

CAPETTI, Pedro. A cada três horas, um professor da rede municipal pede licença por problemas psicológicos. *Extra Globo*, 11 mar. 2019. Disponível em: <https://extra.globo.com/noticias/rio/a-cada-tres-horas-um-professor-da-rede-municipal-pede-licenca-por-problemas-psicologicos-23512259.html?utm_source=Facebook&utm_medium=Social&utm_campaign=Extra&fbclid=IwAR0Mvf6BVLbZm5tcrufNVM-h8aOPcYvbE7U5yo-11Zp7GRKU9TNrvDXkbiQ>. Acesso em: 3 jul. 2022.

CARDOSO, W. Educação tem 62 afastamentos por transtorno mental ao dia. *Agora São Paulo,* 10 jun. 2019. Disponível em: <https://agora.folha.uol.com.br/sao-paulo/2019/06/educacao-tem-62-afastamentos-por-transtorno-mental-ao-dia.shtml>. Acesso em: 11 fev. 2020.

D'AGOSTINI, A. C. C. Burnout entre professores: precisamos falar mais sobre isso. *Nova Escola*, 29 maio 2019. Disponível em: <https://novaescola.org.br/conteudo/17570/burnout-entre-professores-precisamos-falar-mais-sobre-isso>. Acesso em: 11 fev. 2020.

FALZETTA, Ricardo. A saúde do professor reflete as condições de trabalho. *O Globo - Blog Todos pela Educação,* 11 out. 2017. Disponível em: <https://blogs.oglobo.globo.com/todos-pela-educacao/post/saude-do-professor-reflete-condicoes-de-trabalho.html>. Acesso em: 3 jul. 2022.

FOGLIATTO, Débora. Saúde mental de professores se agrava com desvalorização, baixos salários e falta de estrutura. *Sul 21*, 20 out. 2018. Disponível em: <https://www.sul21.com.br/ultimas-noticias/geral/2018/10/saude-mental-de-professores-se-agrava-com-desvalorizacao-baixos-salarios-e-falta-de-estrutura/>. Acesso em: 3 jul. 2022.

Referências bibliográficas

G1. 40% dos professores afastados por saúde têm depressão, aponta estudo. *G1*, 10 out. 2012. Disponível em: <http://g1.globo.com/sp/sao-carlos-regiao/noticia/2012/10/40-dos-professores-afastados-por-saude-tem-depressao-aponta-estudo.html>. Acesso em: 3 jul. 2022.

GIAMMEI, B.; POLLO, L. Por que nossos professores estão adoecendo? *R7 Estúdio,* 14 out. 2019. Disponível em: <https://estudio.r7.com/por-que-nossos-professores-estao-adoecendo-15102019>. Acesso em: 10 fev. 2020.

LIMA, J. D. A saúde mental dos professores da rede pública paulista. *Nexo Jornal*, 1º jul. 2019. Disponível em: <https://www.nexojornal.com.br/expresso/2019/07/01/A-sa%C3%BAde-mental-dos-professores-da-rede-p%C3%BAblica-paulista>. Acesso em: 10 fev. 2020.

MARTINS, N. É possível ser feliz sendo professor? *Nova Escola*, 20 abr. 2016. Disponível em: <https://novaescola.org.br/conteudo/134/e-possivel-ser-feliz-sendo-professor>. Acesso em: 11 fev. 2020.

PALHARES, Isabela. Brasil é o último em ranking sobre prestígio do professor. *Terra*, 7 nov. 2018. Disponível em: <https://www.terra.com.br/noticias/educacao/brasil-cai-para-ultima-posicao-em-ranking-sobre-prestigio-do-professor,ffc892ab8dcc786fa7a-30f2e461e820ajhe9xpst.html>. Acesso em: 3 jul. 2022.

PROFISSÃO REPÓRTER. Professores lutam contra salários baixos, doenças e até agressões para continuar na profissão. *Profissão Repórter - G1,* 19 dez. 2019. Disponível em: <https://g1.globo.com/profissao-reporter/noticia/2019/12/19/professores-lutam-contra-salarios-baixos-doencas-e-ate-agressoes-para-continuar-na-profissao.ghtml>. Acesso em: 10 fev. 2020.

SEIXAS, Francisca Pereira da Rocha. Professoras e professores adoecem devido às péssimas condições de trabalho. *Brasil 247*, 26 ago. 2019. Disponível em: <https://www.brasil247.com/blog/professoras-e-professores-adoecem-devido-as-pessimas-condicoes-de-trabalho>. Acesso em: 3 jul. 2022.

TEIXEIRA, Larissa. 66% dos professores já precisaram se afastar por problemas de saúde. *Nova Escola*, 16 ago. 2018. Disponível em: <https://novaescola.org.br/conteudo/12302/pesquisa-indica-que-66-dos-professores-ja-precisaram-se-afastar-devido-a-problemas-de-saude#>. Acesso em: 3 jul. 2022.

TENENTE, L. Em post que viralizou, professor reflete sobre a própria apatia na pandemia e diz que se sentiu um "lixo" ao ver salas vazias. *G1*, 22 maio 2021. Disponível em: <https://g1.globo.com/educacao/noticia/2021/05/25/em-post-que-viralizou-professor-reflete-sobre-propria-apatia-na-pandemia-e-diz-que-se-sentiu-um-lixo-ao-ver-salas-vazias.ghtml>. Acesso em: 3 jul. 2022.

TOLEDO, Luiz Fernando; VIEIRA, Victor. SP dá a professores 372 licenças por dia; 27% por transtorno mental. *Estadão*, 24 mar. 2016. Disponível em: < https://educacao.estadao.com.br/noticias/geral,estado-da-a-professores-372-licencas-por-dia-27-por-transtornos-mentais,10000022938>. Acesso em: 3 jul. 2022.

A autora

Caroline Fanizzi é doutora em Educação, na área de Filosofia, pela Faculdade de Educação da Universidade de São Paulo (USP) e doutora em Sciences de l'Éducation pela Université Paris 8. Mestre em Educação, na área de Psicologia, pela Faculdade de Educação da USP e pedagoga pela mesma instituição. Atuou como professora na Universidade Federal de Santa Catarina e também na educação básica na cidade de São Paulo. É membro do Grupo de Estudos e Pesquisa sobre Educação e o Pensamento Contemporâneo (GEEPC-FEUSP).

GRÁFICA PAYM
Tel. [11] 4392-3344
paym@graficapaym.com.br